MW01092783

Learn French with Stories for Beginners Volume 2

With audio

Frédéric BIBARD _(TalkinFrench.com)_

"Best blog dedicated to the French Language and Culture for 2014/15."
(Voted by the Language Portal blab.la and its community)

A rewarding and effective method of learning French.

If you cannot easily visit a French-speaking country and immerse yourself in the French language, reading is one of your best alternatives.

A painless and effective way to absorb the French language.

Reading has long been proven to be one of the most effective ways of learning a foreign language. By studying in this way, you should be able to improve your French without the monotonous chore of memorising grammar. These eBooks cover a diverse range of grammatical structures (description, casual conversation, useful vocabulary).

No dictionary necessary

Each paragraph is broken down - with a French and English glossary.

« *Sophie est **une adolescente**. Elle a seize ans et vit avec ses parents, son frère et ses deux chats dans un grand appartement en centre-ville. Sophie est une jeune fille sociable, **drôle** et **gentille**. Aujourd'hui, elle retrouve **ses amis** d'école. Ensemble, ils vont passer l'après-midi à la **fête foraine**. **La jeune fille espère s'amuser**.* »

Un adolescent/une adolescente
a teenager (M/F)

drôle
funny

gentil/gentille
kind (M/F)

ses amis
her friends

fête foraine.
Funfair

elle espère s'amuser

she hopes to have fun

No painful back and forth process of continually searching for definitions or translation.

Recommended for beginner learners of French

Just a few hours of study are necessary before you read these stories.

Improve your listening

Practice your pronunciation and your listening with the **MP3!**
Available in two versions: Normal Speed and Slow Speed (read by a French Native Speaker).
Total: Four hours of audio.

Never forget the vocabulary.

A vocabulary list recap appears at the end of each chapter. You can review your study and make sure that you don't forget any essential French words.

Useful vocabulary for everyday situations:

15 stories about:

1. Emotions

2. Sports

3. Town and Buildings

4. Holidays

5. Restaurant

6. illness

7. Frequency and memories

8. Description

9. Cinema

10. Hotel

11. At work

Technical details:

- 1500words and expressions in French translated into English
- MP3 (4 hours in total)
- Total combined length of the stories: 15,000 words (equivalent to a 60-page book)

Buy book and start brushing up on your French today!

Also by the author:

Colloquial French Vocabulary

Review: 5.0 out of 5 stars "**A very helpful book if you want authentic French Idioms and Idiomatic Expressions!** » Andrea Klaus.

French Phrasebook:

Review: 5 out of Stars. "An excellent composition for those aspiring to travel to a French based country and needs assistance in picking up the language or to brush up their knowledge". Jan.S

365 Days of French Expressions with audio

Review: 5 out of 5 Stars. "An excellent short ebook. I learn some very nice idioms." Laura Davis.

Want more ?
Check it out Talk in French my website dedicated to the French Culture and Language.

Important ! The link to download the MP3 is available at the end of this book.

Contents

Histoire/Story 1 : Un après-midi à la fête foraine.

Sophie est **une adolescente**. Elle a seize ans et vit avec ses parents, son frère et ses deux chats dans un grand appartement en centre-ville. Sophie est une jeune fille **sociable**, **drôle** et **gentille**. Aujourd'hui, elle retrouve **ses amis** d'école. Ensemble, ils vont passer l'après-midi à la **fête foraine**. **La jeune fille espère s'amuser**.

Un adolescent/une adolescente	a teenager (M/F)
sociable	sociable
drôle	funny
gentil/gentille	kind (M/F)
ses amis	her friends
fête foraine.	funfair
elle espère s'amuser	she hopes to have fun

Sophie prend le bus pour **sortir de la ville**. La fête foraine est dans **la campagne**, pas très loin du centre-ville. Mais comme Sophie est **trop jeune** pour avoir une voiture, elle prend le bus. Sa mère ne peut pas l'emmener car elle **est occupée** toute la journée, mais elle **donne** de l'argent à sa fille pour qu'elle **passe** un bon après-midi avec des amis.

Sortir de la ville	to leave the city
la campagne	the countryside
trop jeune	too young
être occupé	to be busy
donner	to give
passe	go, pass (time)

Dans le bus, la jeune fille rencontre **sa copine** Clara. Les deux jeunes filles sont dans la **même** classe au lycée. Clara est **heureuse** d'aller à la fête foraine. C'est la première fois qu'elle y va avec des amis, sans ses parents, donc elle est aussi **excitée**. En descendant du bus, Sophie et Clara **voient** un vieux monsieur qui fait tomber son porte-monnaie et part sans le voir. Comme elles sont **honnêtes**, les deux filles donnent le porte-monnaie au **vieux monsieur**.

Son copain/sa copine	her friend (M/F)
même	same
heureux/heureuse	glad (M/F)
excité	excited
voir	to see

| **honnête** | honest |
| **un vieux monsieur** | an old man |

Devant **l'entrée** de la fête foraine, les deux jeunes filles attendent le reste de **la bande**. Elles sont les premières arrivées, mais elles sont **patientes**. Plus loin, elles voient Kévin qui est dans la même école. Le garçon est le plus **détesté** du lycée car il est toujours **grognon**. En plus, il est **capricieux** et **méchant**. C'est un garçon **perturbé** qui a peu d'amis.

L'entrée	the entrance
la bande	a bunch of friends
patient/patiente	patient (M/F)
détesté	disliked
capricieux	capricious
grognon	grumpy
méchant	nasty
perturbé	disturbed

A trois heures, comme convenu, Sarah rejoint ses deux amies devant l'entrée. Sarah est un peu **réservée** et **timide**, mais très **curieuse**. Elle dit que Léo est sur **le chemin**. Il vient avec sa **petite-copine** Anna, qui est dans un autre lycée. Léo est un petit peu **maladroit**, mais très **romantique** avec les filles de son âge. C'est un bon petit-copain.

Réservé	reserved
timide	shy
curieux/curieuse	curious (M/F)
le chemin.	Way (on his way)
petite-copine	girlfriend
maladroit	awkward
romantique	romantic

Quand toute la bande est réunie, elle entre dans la fête foraine et se dirige vers la grande roue. Sophie et Sarah ne sont pas **effrayées** de monter dessus, mais Clara est presque **paralysée**. La jeune fille **a peur** du **vide (peur du vide)** et la **grande roue** est vraiment très **haute**. Elle attendra donc ses amis en bas et les **regardera** s'amuser là-haut.

Effrayé	afraid
paralysé	paralyzed
avoir peur	to be afraid
vide (peur du vide)	empty (but in this context, fear of height)
grande roue	ferris wheel/ big wheel

haute	high
regarder	to look

Après ce premier manège, Léo propose de faire une attraction plus romantique. Anna **est d'accord**, mais l'idée ne plait pas aux autres filles. Sophie est **irritée** que le garçon choisisse pour tout le groupe et Clara est **énervée** que personne ne l'**écoute** : elle propose d'aller à la **maison hantée**. Après une petite dispute, les amis décident de suivre l'idée de Clara. La fille est **satisfaite**, mais Léo est un petit peu **déçu**.

Être d'accord	to agree
irrité	irritated
énervé	annoyed
écoute	listen
maison hantée.	Haunted house
satisfait	satisfied
déçu	disappointed

Anna **n'aime pas** la maison hantée. Elle n'a pas **peur**, non, mais elle ne trouve pas cette attraction **amusante** ni **marrante**. Comme la jeune fille est en plus **nerveuse** et vite **stressée**, elle s'inquiète à chaque mouvement dans l'**ombre**. A la sortie, Anna est assez **mécontente** de la maison hantée. Comme elle est aussi un peu **égoïste** et qu'elle veut passer du temps seule avec **son petit-ami,** elle emmène Léo manger une glace. **Tant pis** pour le reste de la bande.

Elle n'aime pas	she doesn't like
la peur	the fear
amusante	fun
amusante	funny, comical
nerveux/nerveuse	nervous (M/F)
stressé	stressed
ombre	shadow
mécontente	unhappy
égoïste	selfish
son petit-ami	her boyfriend
Tant pis	Too bad

Les trois filles **restantes** décident de faire du **tir à la carabine** pour **gagner** des **ours en peluche**. Sophie veut gagner le plus gros pour le donner à son petit frère. Elle est **confiante** et sûre d'elle, mais elle rate le premier tir. **Elle essaye de nouveau** et gagne finalement un petit ours en peluche. C'est mieux que rien et son frère sera quand même **joyeux** de ce cadeau.

11

Restantes	Remaining
tir à la carabine	rifle shooting
ours en peluche	teddy bear
Gagner	to win
confiante	confident
elle essaye de nouveau	she tries again
joyeux	joyful

C'est au tour de Sarah de tirer à la carabine. La jeune fille rate les trois **essais** et ne gagne rien. Elle est un peu **jalouse** de Sophie.
Clara n'a pas joué car elle est **dégoûtée** des armes, **même lorsque** ce sont des jouets. Puis elle est trop **paresseuse** pour viser la cible. Elle est **triste** que la pêche à la ligne soit exceptionnellement fermée. C'est un jeu que la jeune fille aime beaucoup. Elle est toujours **fière** de la fois où elle a gagné le plus beau des prix à ce jeu !

Essais	Try, attempt
Jaloux/jalouse	jealous (M/F)
envier	to envie something
dégoûté	sick and tired
même lorsque	even when
paresseux	lazy
triste	sad
fier/fière	proud (M/F)

Les trois jeunes filles se sentent un peu **fatiguées**. Elles ont beaucoup marché à travers la fête foraine et elles ont mal aux pieds. Elles s'assoient sur un banc libre pour **se reposer** un peu. Clara va **courageusement** acheter des bouteilles d'eau. Sarah et Sophie se sentent trop **épuisées** pour l'accompagner.

Fatigué	tired
se reposer	to rest
courageux	brave
épuisé	exhausted

Quand Clara revient, **elle raconte** qu'elle a vu Maxime sur le chemin. Sophie est intriguée : pourquoi son amie semble si **contente** ? Clara est un peu **embarrassée**, mais elle explique qu'elle est **tombée amoureuse** de Maxime et qu'elle aimerait bien **sortir avec** lui. Sarah pense que c'est une bonne idée. En plus, elle sait que Maxime est **célibataire** en ce moment car **il a rompu** avec son ancienne petite-amie. Clara est **heureuse** de cette bonne nouvelle !

Raconter	to tell

content	happy
embarrassé	embarrassed
tomber amoureux	to fall in love with someone
sortir avec	to go out with someone
célibataire	single
rompre	to break (off) with someone
heureux	glad

A la fin de l'après-midi, les trois jeunes filles retrouvent Léo et Anna à la sortie de la fête foraine. Léo dit que lui et Anna ont été trop **lâches** pour visiter le musée des horreurs. De leur côté, les filles racontent leur visite dans le **palais des glaces** et comme elles s'y sont un petit peu **ennuyées**. Puis Léo s'excuse : **il se sent coupable** d'être parti avec Anna en laissant le reste de la bande. Les trois filles disent que ce n'est pas grave, qu'il n'a pas à **se sentir bête**.

À la fin de l'après-midi	at the end of the afternoon
lâches	coward
palais des glaces	house of mirrors
ennuyé	bored
il se sent coupable	he feels guilty
se sentir bête	to feel stupid

Pour se faire pardonner, Léo explique que sa mère vient le chercher et qu'il y a assez de place dans la voiture pour **tout le monde** ! Sophie est **rassurée** et contente de cette nouvelle : elle avait peur de **ne pas avoir assez d'argent** pour prendre le bus du retour. Finalement, l'après-midi à la fête foraine a été très **agréable** !

Tout le monde	everybody
rassuré	reassured
ne pas avoir assez d'argent	don't have enough money
agréable	pleasant

13

Vocabulary Recap 1 :

Un adolescent/une adolescente	a teenager (M/F)
drôle	funny
gentil/gentille	kind (M/F)
ses amis	her friends
fête foraine.	funfair
elle espère s'amuser	she hopes to have fun
Sortir de la ville	to leave the city
la campagne	the countryside
trop jeune	too young
être occupé	to be busy
donner	to give
passe	go, pass (time)
Son copain/sa copine	her friend (M/F)
même	same
heureux/heureuse	glad (M/F)
excité	excited
voir	to see
honnête	honest
un vieux monsieur	an old man

L'entrée	the entrance
la bande	a bunch of friends
patient/patiente	patient (M/F)
détesté	disliked
capricieux	capricious
grognon	grumpy
méchant	nasty
perturbé	disturbed
Réservé	reserved
timide	shy
curieux/curieuse	curious (M/F)
le chemin.	Way (on his way)
petite-copine	girlfriend
maladroit	awkward
romantique	romantic
Effrayé	afraid
paralysé	paralyzed
avoir peur	to be afraid
vide (peur du vide)	empty (but in this context, fear of height)
grande roue	ferris wheel/ big wheel
haute	high
regarder	to look
Être d'accord	to agree
irrité	irritated
énervé	annoyed
écoute	listen

maison hantée.	Haunted house
satisfait	satisfied
déçu	disappointed
Elle n'aime pas	she doesn't like
la peur	the fear
amusante	fun
amusante	funny, comical
nerveux/nerveuse	nervous (M/F)
stressé	stressed
ombre	shadow
mécontente	unhappy
égoïste	selfish
son petit-ami	her boyfriend
Tant pis	Too bad
Restantes	Remaining
tir à la carabine	rifle shooting
ours en peluche	teddy bear
Gagner	to win
confiante	confident
elle essaye de nouveau	she tries again
joyeux	joyful
Essais	Try, attempt
Jaloux/jalouse	jealous (M/F)
envier	to envie something

dégoûté	sick and tired
même lorsque	even when
paresseux	lazy
triste	sad
fier/fière	proud (M/F)
Fatigué	tired
se reposer	to rest
courageux	brave
épuisé	exhausted
Raconter	to tell
content	happy
embarrassé	embarrassed
tomber amoureux	to fall in love with someone
sortir avec	to go out with someone
célibataire	single
rompre	to break (off) with someone
heureux	glad
À la fin de l'après-midi	at the end of the afternoon
lâches	coward
palais des glaces	house of mirrors
ennuyé	bored
il se sent coupable	he feels guilty
se sentir bête	to feel stupid

Tout le monde	everybody
rassuré	reassured
ne pas avoir assez d'argent	don't have enough money
agréable	pleasant

Histoire/Story 2 : Les enfants choisissent un nouveau sport.

Aujourd'hui, nous sommes le second samedi du mois de **septembre** et Martine Leperec **emmène** ses deux enfants en ville. Kévin et Sonia ont dix-sept et quatorze ans. Le garçon va au **lycée** et sa jeune sœur au **collège**. L'année scolaire **a commencé** depuis peu, mais les deux enfants n'ont pas encore choisi **d'activité extra-scolaire**. Leur mère **veut** que ses enfants fassent une activité sportive en dehors de l'école et Kévin et Sonia **sont d'accord**.

Aujourd'hui	today
emmène	bring
septembre	September
lycée	high school
collège	middle school
commencer	to begin
d'activité extra-scolaire.	extracurricular activities.
elle veut/vouloir	she wants/to want
être d'accord	to agree

La famille Leperec est très **sportive**. Le père, Alain, a longtemps fait de **l'escrime** lorsqu'il était jeune. Il encourage ses enfants à faire du sport et à **rester en forme**. Quant à sa femme Martine, elle fait du **parapente** durant **les vacances d'été**. Elle en fait avec des amis depuis six ans maintenant. Au début, elle **avait un peu peur**, mais maintenant c'est une activité que la femme **aime** beaucoup !

Sportive	sporty
escrime	fencing
rester en forme	stay in shape
parapente	paragliding
les vacances d'été	the summer holidays
avoir peur	to be afraid
aimer	to like

Alain fait aussi du **billard** avec ses amis, le week-end. Il pense que c'est un bon **loisir** pendant que sa femme fait de la **course à pied**. Car oui, **tous les dimanches matin**, alors que les enfants **font la grasse matinée**, le père retrouve des amis et la mère met ses **tennis** pour aller **courir**. Martine court dix kilomètres tous les dimanches matin.

Billard	billard
loisir	hobby
course à pied	jogging

tous les dimanches matin	every Sunday morning
faire la grasse matinée	to sleep late
tennis	sneakers
courir	to run

Martine gare **la voiture** sur le parking du Palais des sports de la ville. Aujourd'hui, c'est journée portes-ouvertes pour présenter les différents sports **proposés** par la ville et dans la région. Les enfants ont **le choix** : il y a beaucoup de petits stands pour présenter les sports et des papiers pour **avoir** toutes les informations **utiles**.

La voiture	the car
proposés	proposed
le choix	the choice
avoir	to get/to have
utile	useful

Au lycée et au collège, Kévin et Sonia font déjà du **basket**, du **football** et du **ping-pong**. En dehors de l'école, ils veulent faire un sport qu'ils ne **connaissent** pas déjà. Leur mère est complétement d'accord avec eux. Elle les oriente vers un premier stand et leur dit de **prendre leur temps** pour bien choisir. Il ne faut pas choisir trop **vite** le judo par exemple, si c'est le karaté que l'on préfère !

Basket	basketball
football	soccer
ping-pong	ping pong
connaître	to know
prendre le temps	take the time
vite	quickly

Kévin veut essayer un sport **collectif**. Il pense au **rugby** ou au **volley-ball**. Un entraîneur de rugby lui explique que ce sport est un peu **violent** mais surtout très **physique**. Kévin hésite et va regarder un papier sur le volley-ball. Le garçon aime beaucoup **la solidarité** dans ces sports, mais il n'est pas très bon en **vitesse**.

Collectif	collective
rugby	rugby
volley-ball	volleyball
violent	violent
physique	physical
solidarité	solidarity
vitesse	speed

De son côté, Sonia est intéressée par **le patinage**. Mais quand elle va à la **patinoire**, elle est toujours un peu **timide** pour aller vers les autres. Elle a peur de manquer de confiance pour cette activité. Alors elle regarde pour faire de **la gymnastique**. C'est une autre activité qui l'intéresse. Mais il faut beaucoup de **souplesse** et aussi de l'**adresse** pour ce sport. Sonia n'est pas très bonne en **coordination des mouvements.**

Patinage	ice skating
patinoire	ice rink
timide	shy
gymnastique	gymnastics
souplesse	flexibility
adresse	dexterity
coordination des mouvements	coordination of movements

Martine propose alors à sa fille de regarder **l'équitation** car la jeune fille aime vraiment beaucoup les animaux et en particulier **les chevaux**. Sonia est très **contente** et excitée par cette idée. Elle demande plus d'informations au stand sur l'équitation. Avec sa mère, elle écoute **les explications** et madame Leperec **n'est pas sûre** que ce soit un sport pour sa fille finalement.

Équitation	horse riding
les chevaux	horses
content	happy
les explications	the explanations
elle n'est pas sûre	she is not sure

Entre l'inscription aux leçons d'équitation, l'équipement, le cheval... c'est un sport **très cher**. Madame Leperec veut que ses enfants **s'amusent** dans leur activité sportive, mais pas que celle-ci soit **hors de prix**. C'est comme pour **la planche à voile**. L'été dernier, la famille Leperec a fait de la planche à voile **pendant** les vacances, mais c'est **une activité** très chère.

Très cher	very expensive
s'amuser	to have fun
hors de prix.	expensive
la planche à voile	windsurfing
pendant	during
une activité	an activity

Sonia s'intéresse à **l'athlétisme**. Elle veut découvrir ce sport et elle demande des informations. C'est un sport que la jeune fille **regarde à la télévision**, tout comme **le cyclisme**, mais qu'elle ne connaît pas vraiment en fait. Après avoir réfléchit, Sonia pense que l'athlétisme n'est pas fait pour elle. Puis la jeune fille veut un sport à l'intérieur, pas une activité à l'extérieur. Finalement et en bonne logique, Sonia choisit la natation.

Athlétisme	athletics
regarder à la télévision	to watch on tv
le cyclisme	cycling
intérieur	indoor
extérieur	outdoor
la natation	swimming

La jeune fille aime **nager** et elle pense pouvoir **gérer le stress** lié à sa **timidité** dans l'eau. Puis elle va apprendre à mieux **maîtriser** son corps en douceur dans **une piscine**. Oui, la natation semble être le sport **parfait** pour la jeune fille ! Toute contente, Sonia le dit à sa maman. Martine est **heureuse** que sa fille trouve une activité qui lui **plait. Ensemble**, elles rejoignent Kévin.

Nager	to swim
gérer le stress	managing stress
timidité	shyness
maîtriser	to bring under control, to master
une piscine	a swimming pool
parfait	perfect
heureux	glad
plait.	Like/enjoy
ensemble	together

Kévin regarde beaucoup de sports différents, mais rien ne lui plait vraiment. **La boxe** semble trop violente et il faut faire preuve d'**agressivité**. **L'escalade** lui semble **dangereuse** et le garçon pense qu'il ne peut pas maîtriser **sa peur** du vide. **Le tir à l'arc** le tente beaucoup, mais il n'y a pas de club **près de la ville**. Le seul club de la région est dans **la campagne** et Kévin pense que c'est **trop loin** de sa maison.

La boxe	boxing
agressvité	agression
l'escalade	climbing
dangereux	dangerous
sa peur	his fear
le tir à l'arc	archery
près de la ville	near the city
la campagne	the countryside

Finalement, **à la fin de l'après-midi**, après avoir fait le tour de tous les stands du Palais des sports et après avoir ramassé beaucoup d'informations, Kévin **trouve** l'activité parfaite ! Sa mère et sa sœur le rejoignent et c'est tout content que Kévin leur dit qu'il veut faire du **tennis**. Madame Leperec regarde **les prix** du club et s'informe sur le matériel à **acheter**. Non, le tennis n'est pas un sport trop cher, Kévin peut le **choisir.**

À la fin de l'après-midi	at the end of the afternoon
trouver	to find
tennis	tennis
les prix	the prices
acheter	to buy
choisir	to choose

À la maison, le soir, **le frère et la sœur** annoncent à leur père quels sports ils vont faire. Les deux enfants sont **fiers** de leurs choix et les parents sont aussi très contents. Les premières leçons **commencent dans deux semaines**, ce qui donne le temps d'acheter **les vêtements** de sport : **le maillot de bain** pour Sonia et des nouvelles baskets pour Kévin. Oui, les Leperec sont vraiment une famille de **sportifs !**

Le frère et la sœur	the brother and the sister
fier	proud
commencer dans deux semaines	begin in two weeks
les vêtements	the clothes
le maillot de bain	the swimsuit
sportifs !	sportsperson

Aujourd'hui	today
emmène	bring
septembre	September
lycée	high school
collège	middle school
commencer	to begin
d'activité extra-scolaire.	extracurricular activities.
elle veut/vouloir	she wants/to want
être d'accord	to agree
Sportive	sporty
escrime	fencing
rester en forme	stay in shape
parapente	paragliding
les vacances d'été	the summer holidays
avoir peur	to be afraid
aimer	to like
Billard	billard
loisir	hobby
course à pied	jogging
tous les dimanches matin	every Sunday morning
faire la grasse matinée	to sleep late
tennis	sneakers
courir	to run
La voiture	the car
proposés	proposed
le choix	the choice
avoir	to get/to have
utile	useful
Basket	basketball
football	soccer
ping-pong	ping pong
connaître	to know
prendre le temps	take the time
vite	quickly
Collectif	collective
rugby	rugby
volley-ball	volleyball

violent	violent
physique	physical
solidarité	solidarity
vitesse	speed
Patinage	ice skating
patinoire	ice rink
timide	shy
gymnastique	gymnastics
souplesse	flexibility
adresse	dexterity
coordination des mouvements	coordination of movements
Équitation	horse riding
les chevaux	horses
content	happy
les explications	the explanations
elle n'est pas sûre	she is not sure
Très cher	very expensive
s'amuser	to have fun
hors de prix.	expensive
la planche à voile	windsurfing
pendant	during
une activité	an activity
Athlétisme	athletics
regarder à la télévision	to watch on tv
le cyclisme	cycling
intérieur	indoor
extérieur	outdoor
la natation	swimming
Nager	to swim
gérer le stress	managing stress
timidité	shyness
maîtriser	to bring under control, to master
une piscine	a swimming pool
parfait	perfect
heureux	glad
plait.	Like/enjoy
ensemble	together
La boxe	boxing
agressvité	agression

l'escalade	climbing
dangereux	dangerous
sa peur	his fear
le tir à l'arc	archery
près de la ville	near the city
la campagne	the countryside
À la fin de l'après-midi	at the end of the afternoon
trouver	to find
tennis	tennis
les prix	the prices
acheter	to buy
choisir	to choose
Le frère et la sœur	the brother and the sister
fier	proud
commencer dans deux semaines	begin in two weeks
les vêtements	the clothes
le maillot de bain	the swimsuit
sportifs !	sportsperson

Histoire/Story 3 : Marcel visite la ville.

Marcel Saunier est retraité. C'est **un vieux monsieur** de quatre-vingt-deux ans. Autrefois, Marcel **était** docteur. Son cabinet était dans **la campagne**, au sud du **département**. Maintenant, Marcel vit dans **une maison de retraite** au nord de la ville. Ses enfants viennent le voir très régulièrement et le vieil homme a le droit de **sortir** de temps en temps, s'il est accompagné.

Un vieux monsieur	an old man
il était/être	he was/to be
la campagne	the countryside
département	regional subdivision
une maison de retraite	a retirement home
sortir	to go out

Aujourd'hui, sa fille Suzanne vient le chercher **en voiture**. Elle veut lui montrer la ville. Cela fait longtemps que Marcel n'est pas allé dans **le centre ville**.
« **Beaucoup** de choses sont sans doute différentes », dit Marcel.
Suzanne pense que oui, car la ville bouge et **évolue** tout le temps. Près de chez elle, il y a de nouveaux **immeubles** qui se **construisent**, par exemple.

En voiture	by car
le centre ville	the city center
beaucoup	many
évoluer	to evolve
immeuble	block of flats
construisent	build

La visite se fait en voiture car Marcel est **trop vieux pour marcher** sur de longues distances. Il se fatigue très vite. Quand il marche dans **le parc** de la maison de retraite, il s'arrête souvent pour faire des pauses et s'assoit sur **les bancs** pour regarder les fleurs. Le parc est grand et il y a de jolis lampadaires pour l'**éclairer** le soir. Mais Marcel préfère la petite **fontaine** qui est au centre du grand parc.

Trop vieux pour marcher	too old to walk
le parc	the park
le banc	the bench
éclairer	to light
fontaine	fountain

Pour aller dans le centre-ville, Suzanne passe d'abord par **la banlieue**. Elle montre à

son père **la caserne**.
« Ce bâtiment n'a pas changé », dit Marcel avec un sourire.
Il est content de voir que certains **bâtiments** ne **vieillissent** pas.
Le vieil homme connaît bien la caserne. Elle est installée dans un ancien **couvent**. Mais **l'église** n'existe plus depuis très longtemps. Même le vieux monsieur ne l'a jamais vue.

La banlieue	the suburb
la caserne	barracks
bâtiments	buildings
vieillissent	get old
couvent	convent
église	church

Au centre de la ville, près de **la rue principale** qui traverse la cité du nord au sud, il y a **l'hôtel de ville**. Ce bâtiment n'a pas changé non plus. C'est un grand **monument** en pierres blanches, avec de belles sculptures et une grande **horloge** sur la façade. C'est ici que Suzanne **s'est mariée** il y a plus de dix ans. À l'intérieur, il y a un magnifique **escalier** mais les jeunes mariés préfèrent toujours faire leurs photos sur **le perron**.

La rue principale	the main street
l'hôtel de ville	the city hall
monument	monument
horloge	clock
s'est mariée	get married
escalier	stairs
le perron	stone steps

En face de la mairie, il y a **le Palais de Justice**. C'est aussi un grand bâtiment en pierres blanches, mais il n'y a pas de statues pour le décorer. Suzanne explique à son père que le Palais de Justice est en cours de restauration. C'est pour cela qu'il y a des **panneaux d'avertissement** indiquant les travaux et que les **portes** principales sont fermées. Pour **entrer**, il faut passer par **le parking** et **la cour** à **l'arrière** du bâtiment.

Le Palais de Justice	the law courts
panneaux d'avertissement	warning sign
porte	door
entrer	to enter
le parking	parking
la cour	the yard
arrière	back

Dans le centre-ville, Marcel voit qu'il y a beaucoup de nouveaux **magasins**.
« Oui, dit Suzanne, les boutiques changent tout le temps !

- C'est ce que je vois, répond Marcel. Ici, ce n'est plus **un boucher**, c'est un magasin de **vêtements**.
- Et là il y a une **librairie** à la place de l'ancien coiffeur. »
La voiture passe aussi devant **l'école** municipale. Suzanne explique que c'est dans cette école que vont ses deux enfants. Marcel est content de voir où étudient ses deux petits-enfants.

Magasins	shops
un boucher	a butcher's
vêtements	clothes
librairie	bookshop
école	school

L'école n'est pas loin de **la bibliothèque** et du musée. Suzanne passe rapidement en voiture devant la bibliothèque et va vers **le musée**. Près du musée, il y a un petit **jardin des plantes** très agréable.
« J'aime ce jardin, dit Marcel. J'aime **les fleurs** et j'espère que le jardin botanique a toujours quelques animaux.
- Oui, il y a toujours des animaux au jardin des plantes, dit Suzanne. Mais **l'ours** est mort l'année dernière.
- Comme **c'est triste**... », dit Marcel.

La bibliothèque	the library
le musée	the museum
jardin des plantes	botanical garden
les fleurs	the flowers
l'ours	the bear
c'est triste	it's sad

Marcel voit qu'il y a un nouveau **commissariat**, plus grand et mieux placé dans la ville. Il se trouve près du **temple**, sur un terrain qui appartient à la ville.
Suzanne montre le **panneau indicateur** à son père.
« Nous allons voir **la cathédrale**, dit-elle.
- Je pense qu'elle est toujours au même endroit ! », répond Marcel.
Le vieil homme **rigole**. Il est vraiment heureux de cette sortie en ville, même si elle est en voiture.

Commissariat	police station
le Temple	the Protestant church
panneau indicateur	sign
la cathédrale	the cathedral
rigoler	to laugh

Suzanne gare la voiture près de la cathédrale. Pour aller **devant**, il faut marcher un petit peu. Mais **ce n'est pas très loin** et Marcel n'est pas fatigué en arrivant devant la cathédrale. Sur **le parvis**, le père et la fille regardent les sculptures, **la flèche** et les vitraux.

« Ce **vitrail** est neuf, explique Suzanne. Il est restauré. Mais **la cage d'escalier** qui monte dans la **tour** n'est pas encore restaurée. »

Marcel veut aller voir l'intérieur de la cathédrale.

Devant	in front of
ce n'est pas très loin	it's not too far away
le parvis	square (in front of a church)
la flèche	the spire
vitrail	stained glass window
la cage d'escalier	stairwell
la tour	the tower

À **l'intérieur** du monument, Marcel et Suzanne voient mieux **la rosace**. Marcel aime beaucoup l'architecture. Sa fille s'intéresse plutôt aux **arcs**. Elle est très impressionnée. **Les colonnes** qui supportent les arcs sont sculptés, mais pas tous. Suzanne se demande pourquoi et Marcel ne sait pas. Mais ils n'en discutent pas vraiment : la cathédrale est très silencieuse et il ne faut pas **parler** trop fort ni faire trop de bruit.

Après avoir fait le tour à l'intérieur, Suzanne regarde une dernière fois **la voûte** et elle reprend sa voiture.

intérieur	inside
la rosace	the rose window
arcs	arches
colonne	column
parler	to talk
la voûte	the vault

La journée est bien avancée et il faut ramener Marcel à la maison de retraite. Le vieux monsieur est très **content** de cette bonne après-midi. Sur le chemin du retour, la voiture passe devant **la mosquée** et le centre culturel.

« **Le centre culturel** est neuf, dit Suzanne. Il y a souvent des pièces de **théâtre** et des spectacles. C'est un grand bâtiment très bien aménagé. J'y emmène **souvent** les enfants. »

content	happy
la mosquée	mosque
le centre culturel	the cultural center
théâtre	theater
souvent	often

Suzanne traverse également son **quartier** et montre sa maison à Marcel. Le vieil homme connaît bien cette **maison**, il est souvent invité à manger par sa fille. Le quartier de Suzanne est un quartier **calme** et tranquille. C'est presque **une cité-dortoir**. Suzanne aime beaucoup son quartier. En plus, il y a une petite **place** avec **un monument historique**. La statue représente un **célèbre** médecin.

« Moi aussi je veux un monument qui me représente !, dit Marcel. Moi aussi je suis un **grand médecin** ! »

Suzanne rigole : elle sait que son père aime raconter des **blagues** quand il passe une bonne journée.

Quartier	district
maison	house
calme	quiet
cité-dortoir	dormitory town
la place	square
monument historique	historical building
célèbre	famous
grand médecin	great doctor
blagues	jokes

Un vieux monsieur	an old man
il était/être	he was/to be
la campagne	the countryside
département	regional subdivision
une maison de retraite	a retirement home
sortir	to go out
En voiture	by car
le centre ville	the city center
beaucoup	many
évoluer	to evolve
immeuble	block of flats
construisent	build
Trop vieux pour marcher	too old to walk
le parc	the park
le banc	the bench
éclairer	to light
fontaine	fountain
La banlieue	the suburb
la caserne	barracks
bâtiments	buildings
vieillissent	get old
couvent	convent
église	church
La rue principale	the main street
l'hôtel de ville	the city hall
monument	monument
horloge	clock
s'est mariée	get married
escalier	stairs
le perron	stone steps
Le Palais de Justice	the law courts
panneaux d'avertissement	warning sign
porte	door
entrer	to enter
le parking	parking
la cour	the yard
arrière	back

Magasins	shops
un boucher	a butcher's
vêtements	clothes
librairie	bookshop
école	school
La bibliothèque	the library
le musée	the museum
jardin des plantes	botanical garden
les fleurs	the flowers
l'ours	the bear
c'est triste	it's sad
Commissariat	police station
le Temple	the Protestant church
panneau indicateur	sign
la cathédrale	the cathedral
rigoler	to laugh
Devant	in front of
ce n'est pas très loin	it's not too far away
le parvis	square (in front of a church)
la flèche	the spire
vitrail	stained glass window
la cage d'escalier	stairwell
la tour	the tower
intérieur	inside
la rosace	the rose window
arcs	arches
colonne	column
parler	to talk
la voûte	the vault
content	happy
la mosquée	mosque
le centre culturel	the cultural center
théâtre	theater
souvent	often
Quartier	district
maison	house
calme	quiet
cité-dortoir	dormitory town
la place	square
monument historique	historical building

célèbre	famous
grand médecin	great doctor
blagues	jokes

Histoire/Story 4 : En vacances dans le sud de la France.

C'est **les vacances d'été**. En juillet et en août, les enfants ne vont pas à l'école car celle-ci est fermée. Les parents ont des semaines de congés pour **se reposer**. Beaucoup de magasins sont également clos pour leur **fermeture annuelle**. Et sur les routes il y a vraiment **beaucoup de monde**, surtout pour aller **trouver** le soleil et **la chaleur** du sud. C'est comme ça que l'été se passe en France.

Les vacances d'été	the summer holidays
se reposer	to rest
fermeture annuelle	annual closing
beaucoup de monde	a lot of people
trouver	to find
la chaleur	the heat

La famille Roberts **habite** en Angleterre. Le père, John, **travaille** dans un restaurant comme serveur et la mère, Martha, travaille à **la bibliothèque** de la ville. Ils ont deux enfants, Rose qui à dix-huit ans et son frère James qui a treize ans. **Cette année** pour les vacances d'été, les Roberts décident de **s'en aller** dans le sud de la France. C'est **un long voyage** qui les attend.

Habiter	to live
travailler	to work
la bibliothèque	the library
cette année	this year
s'en aller	to go away
un long voyage	a long trip

Martha fait **la réservation**. Elle aime **réserver** des hôtels ou des tables au restaurant car elle trouve ça plus **pratique** et elle est sûre d'avoir une place. Pour les vacances en France, elle **loue** une place dans **un camping** du sud de la France, près de la mer.
Sa fille veut passer deux semaines dans **une auberge de jeunesse**. Rose part en train, sans sa famille, et elle espère se faire plein de nouveaux amis et **améliorer son français**.

La réservation	booking
réserver	to book
pratique	convenient

louer	to rent/to hire (out)
un camping	camp site
une auberge de jeunesse	a youth hostel

John, sa femme et son fils, vont en France en voiture, par **l'autoroute**. C'est plus **fatiguant** que le train, mais ils **ont besoin** de la voiture une fois à l'étranger, pour **faire les courses** et se déplacer dans **le pays** facilement. James pense que la voiture est plus amusante pour passer **la frontière**. Il y a **la douane** et le contrôle. Le jeune garçon est impatient de voir tout ça et **le drapeau français**.

Autoroute	highway
fatiguant	tiring
avoir besoin de	to need
faire les courses	to do shopping
le pays	the country
la frontière	the border
la douane	customs
le drapeau français	the French flag

C'est la **première fois** que James va à **l'étranger**. Sa sœur est déjà allée en France avec son lycée l'année dernière dans le **nord** du pays. Elle connait le ferry, le tunnel sous **la Manche** et le climat souvent **couvert** et **froid** du nord.
Les Roberts prêtent leur **logement** pendant qu'ils sont partis. **Le concierge** est prévenu et c'est le frère de John qui va occuper l'appartement pendant les **deux semaines**. Il **reste avec** le chat, les poissons et les plantes vertes.

première fois	first time
Étranger	foreign/foreigner, abroad
nord	north
Manche	English Channel
couvert	overcast/dull (weather)
froid	cold
logement	accommodation
le concierge	the caretaker
deux semaines	two weeks
rester avec	to stay with

James termine de **faire ses valises**. Sa mère a déjà fini ses **bagages** et elle aide son fils à vérifier qu'il prend tout ce qu'il faut. Le jeune garçon prend sa **tente**, son **sac de couchage** et il n'oublie pas son **appareil photo**. Il espère que **la vue** sera belle près du camping et que le temps sera **ensoleillé** durant **le séjour**.

Faire ses valises	to pack
bagages	luggage
tente	tent
sac de couchage	sleeping bag
appareil photo	camera
la vue	the view
ensoleillé	sunny
séjour	stay

La traversée de la Manche impressionne beaucoup James qui est content d'**entrer** dans un nouveau pays. Comme ses parents, il a pris son **passeport** pour confirmer son identité.
Une fois arrivés en France, les Roberts sont très contents de leur réservation. Le camping est grand et **calme**. Il est très **propre** aussi. James repère vite **le bloc sanitaire**, avec les toilettes et les **douches**. Par chance, il n'est pas loin de l'emplacement des Roberts, ce qui est pratique pour aller chercher de **l'eau** aux robinets.

Entrer	to enter
passeport	passport
calme	quiet
propre	clean
le bloc sanitaire	showers/toilet block
douches	showers
l'eau	the water

Le camping est situé dans une petite **station balnéaire tout près de** la plage. Il y a du monde, beaucoup de **vacanciers**, mais c'est normal en cette **saison**. La seule chose qui peut empêcher les gens de rester, c'est **le temps** : les touristes n'aiment pas rester quand il pleut, qu'il fait **sombre** ou qu'il y a des **tempêtes**. Heureusement, dans le sud de la France le temps est souvent **chaud** et ensoleillé.

Station balnéaire	seaside resort
tout près de	right next to
vacancier	holidaymaker
saison	season
le temps	the weather
sombre	dark
tempête	storm
chaud	hot

Quand les tentes sont installées sur le terrain de camping, les Roberts vont à **la plage**. Ils sont venus pour ça !
James est vraiment heureux de voir **la mer**. **Au sommet** des dunes, il regarde l'horizon. Le jeune homme **demande** si il y a l'Afrique de l'autre côté de la mer. Son père lui explique que non, qu'il doit regarder plus à **l'ouest** si il veut la direction du continent africain.

La plage	the beach
la mer	the sea
au sommet	summit/top
demander	to ask
ouest	west

Les Roberts s'installent entre les **parasols**. Ils **déplien**t leurs serviettes de plage et **gonflent** les **bouées**. James fait des **châteaux de sable** et ses parents préfèrent **bronzer**. Quand le jeune garçon va se baigner, son père vient avec lui pour le surveiller. L'eau de la mer est chaude et **agréable**. Ensemble, ils **jouent** au ballon. John aime beaucoup **nager**. Mais il profite aussi de ces **quinze jours** pour se reposer.

Parasol	sun umbrella
déplient	unfold
gonfler	to blow up/inflate
bouées	buoys
château de sable	sand castle
bronzer	to sunbathe
agréable	pleasant
jouer	to play
nager	to swim
quinze jours	fortnight

Au milieu de l'après-midi, Martha **donne** un peu **d'argent** à son fils. Il y a **un marchand de glaces** qui marche sur la plage. James **veut** une glace au chocolat et son père veut une glace à la **pêche**. Même si il ne **parle** pas bien le français, le jeune garçon arrive à se faire comprendre. Il **montre** quels **parfums** il veut sur le panneau.

Donner	to give
argent	money
un marchand de glaces	an ice-cream seller
vouloir	to want
pêche	peach
parler	to talk

montrer	to show
parfum	perfume

Après une longue après-midi à la plage, la famille Roberts prend la voiture pour **aller** dans un supermarché. Au rayon **libre-service**, ils achètent à manger pour le soir et le **petit-déjeuner** du lendemain matin.
De retour au camping, Martha voit qu'elle a attrapé des **coups de soleil**. Elle a mal, mais elle a **apporté** de la crème dans sa valise.

Aller	to go
libre-service	self-service
petit-déjeuner	breakfast
coup de soleil	sunburn
apporter	to bring

Le soir, le camping propose des animations et aujourd'hui c'est un bal qui est organisé. Martha aime **danser** et elle emmène **son mari**. James a le droit de **visiter** le camping et d'aller jouer avec d'autres enfants de son âge. Comme il parle un petit peu le français et que les autres **enfants** parlent un petit peu d'anglais, le jeune homme se fait vite des **amis**.

Danser	to dance
son mari	her husband
visiter	to visit
enfants	childrens
amis	friends

Le lendemain, Martha va à **l'accueil** du camping. James a laissé son **maillot de bain** dans les douches et la femme **a besoin** de savoir si quelqu'un l'a trouvé. Par chance oui, une personne a **trouvé** le maillot de bain du garçon.
Martha profite d'être à l'accueil pour **prendre** des informations sur la région. Elle veut faire quelques visites avec sa famille. L'homme de l'accueil lui dit qu'il y a un joli château à visiter pas très loin en voiture, mais qu'il y a aussi **beaucoup de choses à voir** dans la région.
Martha **pense** que c'est parfait ! Les Roberts vont vraiment passer de bonnes vacances !

Le lendemain	the next day
l'accueil	reception
maillot de bain	swimsuit
avoir besoin	to need
trouver	to find
prendre	to take

beaucoup de choses many things to see
à voir

Vocabulary Recap 4 :

Les vacances d'été	the summer holidays
se reposer	to rest
fermeture annuelle	annual closing
beaucoup de monde	a lot of people
trouver	to find
la chaleur	the heat
Habiter	to live
travailler	to work
la bibliothèque	the library
cette année	this year
s'en aller	to go away
un long voyage	a long trip
La réservation	booking
réserver	to book
pratique	convenient
louer	to rent/to hire (out)
un camping	camp site
une auberge de jeunesse	a youth hostel
Autoroute	highway
fatiguant	tiring
avoir besoin de	to need
faire les courses	to do shopping
le pays	the country
la frontière	the border
la douane	customs
le drapeau français	the French flag
première fois	first time
Étranger	foreign/foreigner, abroad
nord	north
Manche	English Channel
couvert	overcast/dull (weather)
froid	cold
logement	accommodation
le concierge	the caretaker
deux semaines	two weeks

rester avec	to stay with
Faire ses valises	to pack
bagages	luggage
tente	tent
sac de couchage	sleeping bag
appareil photo	camera
la vue	the view
ensoleillé	sunny
séjour	stay
Entrer	to enter
passeport	passport
calme	quiet
propre	clean
le bloc sanitaire	showers/toilet block
douches	showers
l'eau	the water
Station balnéaire	seaside resort
tout près de	right next to
vacancier	holidaymaker
saison	season
le temps	the weather
sombre	dark
tempête	storm
chaud	hot
La plage	the beach
la mer	the sea
au sommet	summit/top
demander	to ask
ouest	west
Parasol	sun umbrella
déplient	unfold
gonfler	to blow up/inflate
bouées	buoys
château de sable	sand castle
bronzer	to sunbathe
agréable	pleasant
jouer	to play
nager	to swim
quinze jours	fortnight
Donner	to give

argent	money
un marchand de glaces	an ice-cream seller
vouloir	to want
pêche	peach
parler	to talk
montrer	to show
parfum	perfume
Aller	to go
libre-service	self-service
petit-déjeuner	breakfast
coup de soleil	sunburn
apporter	to bring
Danser	to dance
son mari	her husband
visiter	to visit
enfants	childrens
amis	friends
Le lendemain	the next day
l'accueil	reception
maillot de bain	swimsuit
avoir besoin	to need
trouver	to find
prendre	to take
beaucoup de choses à voir	many things to see

Histoire/Story 5 : Dîner surprise au restaurant.

Max est **excité** : ce soir, il emmène sa fiancée Lilla au restaurant. Mais chut ! C'est une surprise. La jeune femme ne sait rien. Max a **réservé** une table par téléphone pour le dîner. Il veut fêter le jour de **sa première rencontre** avec Lilla. **C'était il y a trois ans**, un jeudi. Le jeune homme **s'en souvient** comme si c'était hier ! Il est tellement **heureux**. Pour cette occasion spéciale, il invite Lilla au restaurant et va lui offrir **un bijou**.

Excité	excited
réserver	to book
première rencontre	first meeting
c'était il y a trois ans	it was three years ago
s'en souvient	to remember
heureux	glad
un bijou	a jewel

Max vient chercher la jeune femme en voiture à sept heures et demie. Lilla **porte** une belle robe, elle est maquillée mais ne porte pas de collier. Max **pense** qu'elle est vraiment très **jolie**.
Ils arrivent au restaurant vers **huit heures**. Leur table est déjà prête. Elle se trouve entre **la fenêtre** qui donne sur le parc du restaurant et la petite **fontaine** d'intérieur. Le parc est beau le soir : il est tout éclairé !
Lilla est très heureuse de cette **belle surprise** !

Porter	to wear
penser	to think
jolie	pretty
huit heures	eight o'clock
la fenêtre	the window
fontaine	fountain
belle surprise	beautiful surprise

Un serveur apporte le menu et donne la carte des **vins** à Max.
« Prends ton temps pour **choisir**, dit le jeune homme à sa fiancée. Nous avons toute la soirée ! »
Max pense offrir son **cadeau** au moment du dessert.
Il regarde **les prix** sur la carte : le restaurant est un peu **cher,** mais Max sait que la cuisine est très bonne et le service est de qualité. Puis l'occasion est exceptionnelle et il veut faire plaisir à Lilla.
« Prends **ce que tu veux** ! », dit-il à la jeune femme.

Un serveur	a waiter
vin	wine
choisir	to choose
cadeau	present/gift
les prix	the prices
cher	expensive
ce que tu veux	what you want

Lilla ne sait pas quoi choisir comme plat. Il y a vraiment **beaucoup** de choix sur la carte et **tout semble** vraiment très bon. La jeune femme appelle le serveur.
« Quel est **le plat du jour** ?, demande-t-elle.
- Du **saumon** avec des **légumes** frais, dit le serveur.
- Et comme **viande**, qu'est-ce que vous conseillez ?, demande Max.
- Nous recommandons le **bœuf** aux **pommes de terre** », répond le serveur.

Beaucoup	many
tout semble	all seems
le plat du jour	today's special
saumon	salmon
légumes	vegetables
viande	meat
bœuf	beef
pommes de terre	potatoes

Max pense prendre **un potage** en entrée et Lilla choisit **une salade** avec du **concombre** et aux **champignons**. Max pense également commander des **huîtres** en entrée. Il sait que Lilla aime beaucoup les huîtres. Mais elle n'aime pas les **escargots**. Pour **le plat principal**, la jeune femme n'est pas **convaincue** par le plat du jour. Elle pense toujours que le **poisson** ne soit pas assez frais dans les restaurants.

Un potage	soup
salade	lettuce
concombre	cucumber
champignon	mushroom
huître	oyster
escargot	snail
le plat principal	main course
convaincue	convinced
poisson	fish

Comme plat principal, Lilla veut de l'**agneau** à la moutarde avec du **chou-fleur**. Max,

lui, pense prendre un bifteck ou du **foie**, mais surtout pas des **fruits de mer**.
Quand ils ont fini de choisir, le jeune homme appelle de nouveau le serveur pour passer la commande.
« Quelle cuisson pour la viande ?, demande le serveur à Max.
- **Saignante**, s'il-vous-plait.
- Très bien, et comme **boissons** ? »
Max regarde la carte des vins. Il **demande conseil** au serveur pour le vin et commande aussi une carafe d'**eau**. Pour les desserts, ils choisiront plus tard.

Agneau	lamb
chou-fleur	cauliflower
foie	liver
fruits de mer	seafood
saignant	rare/underdone
boissons	drinks
demander conseil	ask for advice

Avec les plats, le serveur apporte une corbeille de **pain**.
« C'est dommage, il n'y a pas de pain à l'**ail** ni de pain aux **noix**», dit Lilla.
Le repas est très bon et l'ambiance dans le restaurant est **agréable**. Mais Max trouve son plat un petit peu trop **épicé**. Il y a trop de **poivre** dans la sauce et pas assez de **sel** sur l'accompagnement. Pourtant, le jeune homme ne se plaint pas car c'est bon quand même.
A la table d'à côté, il y a un autre couple. L'homme et la femme sont plus âgés que Lilla et Max et l'homme appelle le serveur pour **se plaindre**.
« Mes **couverts** sont sales, dit-il. Regardez ! »
Le serveur s'excuse et lui apporte une nouvelle **fourchette** propre.

Pain	bread
ail	garlic
noix	nut/walnut
agréable	pleasant
épicé	spicy
poivre	pepper
sel	salt
se plaindre	to complain
fourchette	fork

Après avoir mangé, **les assiettes vides** sont enlevées et Max et Lilla ont de nouveau la carte pour choisir un dessert.
« Je veux un **gâteau** au chocolat et aux **cerises** », dit Lilla.
La jeune femme est très gourmande. Max, lui, demande **une glace** à la vanille avec **un café**. Lilla prend aussi **un thé** pour terminer son dîner.

« J'ai un cadeau pour toi », dit Max à sa fiancée alors qu'ils **attendent** les desserts.
Le jeune homme lui offre le bijou et explique que c'est pour célébrer leur première rencontre.
Lilla est très contente et surtout très **émue** : elle ne s'attendait pas à une telle surprise !

Les assiettes vides	the empty plates
gâteau	cake
cerise	cherry
une glace	an ice-cream
un café	a coffee
un thé	a tea
attendre	to wait
ému	affected

À la fin de la soirée, le jeune couple demande **l'addition**. C'est Max qui paie car il invite Lilla. Comme il a beaucoup aimé le dîner et que **le serveur était vraiment très gentil**, il laisse **un pourboire**.
« Mes compliments au cuisinier ! », dit Max au serveur avant de **quitter la table**.
Devant le restaurant, il y a une **file d'attente** de personnes qui n'ont pas réservé de table avant de venir.

L'addition	the bill
le serveur était vraiment gentil	the waiter was really kind
un pourboire	a tip
quitter la table	leave the table
file d'attente	queue

Lilla est vraiment heureuse d'avoir passé **une bonne soirée**. Elle ne connaissait pas ce restaurant, mais elle trouve que la cuisine y est délicieuse.
« Je vois que le restaurant propose des **plats à emporter**, dit-elle à son fiancé. C'est bon à savoir pour **une prochaine fois** !
- Oui, lui répond Max. Et pourquoi pas pour notre mariage si le chef cuisinier est disponible !
- Oh oui, quelle bonne idée ! **Nous demanderons** ! »

une bonne soirée	a nice evening
plats à emporter	take away food
une prochaine fois	next time
nous demanderons	we will ask

En montant dans **leur voiture**, Max et Lilla voient le vieux couple qui était à la table d'à côté. L'homme semble encore se plaindre à sa femme ! Il dit que **les petits-pois** étaient trop chauds et la viande pas **bien cuite** et avec trop de **beurre**. La femme soupire.

« C'est toi qui veut **toujours** aller dans ce restaurant, dit-elle. Alors arrête de **pleurer** et monte emmène-nous ailleurs la prochaine fois ! »
Max **rigole** en voyant ce couple. Il **espère** ne pas finir comme ça un jour avec Lilla !

Leur voiture	their car
les petits-pois	the peas
bien cuite	well-done (meat)
beurre	butter
toujours	always
pleurer	to cry
rigoler	to laugh
espérer	to hope

Vocabulary Recap 5 :

Excité	excited
réserver	to book
première rencontre	first meeting
c'était il y a trois ans	it was three years ago
s'en souvient	to remember
heureux	glad
un bijou	a jewel
Porter	to wear
penser	to think
jolie	pretty
huit heures	eight o'clock
la fenêtre	the window
fontaine	fountain
belle surprise	beautiful surprise
Un serveur	a waiter
vin	wine
choisir	to choose
cadeau	present/gift
les prix	the prices
cher	expensive
ce que tu veux	what you want
Beaucoup	many
tout semble	all seems
le plat du jour	today's special
saumon	salmon
légumes	vegetables
viande	meat
bœuf	beef
pommes de terre	potatoes
Un potage	soup
salade	lettuce
concombre	cucumber
champignon	mushroom
huître	oyster
escargot	snail
le plat principal	main course
convaincue	convinced

poisson	fish
Agneau	lamb
chou-fleur	cauliflower
foie	liver
fruits de mer	seafood
saignant	rare/underdone
boissons	drinks
demander conseil	ask for advice
Pain	bread
ail	garlic
noix	nut/walnut
agréable	pleasant
épicé	spicy
poivre	pepper
sel	salt
se plaindre	to complain
fourchette	fork
Les assiettes vides	the empty plates
gâteau	cake
cerise	cherry
une glace	an ice-cream
un café	a coffee
un thé	a tea
attendre	to wait
ému	affected
L'addition	the bill
le serveur était vraiment gentil	the waiter was really kind
un pourboire	a tip
quitter la table	leave the table
file d'attente	queue
une bonne soirée	a nice evening
plats à emporter	take away food
une prochaine fois	next time
nous demanderons	we will ask
Leur voiture	their car
les petits-pois	the peas
bien cuite	well-done (meat)
beurre	butter
toujours	always
pleurer	to cry

rigoler	to laugh
espérer	to hope

Histoire/Story 6 : Martin est malade...

Martin a quinze ans. C'est un adolescent généralement en **bonne santé** qui va au collège cinq jours par semaine. Il a de très bons résultats à **l'école** d'ailleurs. **Ce matin**, nous sommes lundi et Martin ne **se lève** pas. A sept heures, il est toujours au fond de **son lit** quand son **radio-réveil** sonne.

A sept heures quinze, comme sa maman ne le voit pas descendre à **la cuisine**, elle **s'inquiète**. La femme monte dans **la chambre** de son fils pour savoir si il va bien.

Bonne santé	good health
l'école	the school
ce matin	this morning
se lève	to wake up
son lit	his bed
radio-réveil	alarm clock
la cuisine	the kitchen
s'inquiète	worry
la chambre	the bedroom

« Martin, dit la mère. C'est l'heure de **se lever**. Pas de grasse matinée ce matin, sinon tu vas **être en retard** à l'école !
- Maman, dit Martin, **je ne me sens pas bien** ce matin. »
Le jeune garçon a du mal à ouvrir **les yeux** car il est très fatigué. Il veut encore **dormir**.
« **Qu'est-ce qu'il y a ?**, demande la maman.
- Je pense que je suis **malade**... »
La mère pose sa main sur **le front** de son fils.
« Tu es très chaud. Tu as sans doute de **la fièvre !** »

se lever	to get up
être en retard	to be late
je ne me sens pas bien	I don't feel good
les yeux	the eyes
dormir	to sleep
qu'est-ce qu'il y a ?	what's the matter?
malade	sick
Le front	the forehead
la fièvre	fever

La maman prend le thermomètre dans le **placard** de la salle de bain. Après **plusieurs** minutes, elle voit que oui, son fils a de la fièvre.
« **Reste au lit** pour le moment, j'appelle le médecin. »

La mère de Martin **veut** prendre rendez-vous avec le médecin par téléphone. Mais la secrétaire lui dit que **le médecin est absent** toute la semaine. C'est un autre docteur qui le remplace, mais il a déjà beaucoup de patients à **voir** aujourd'hui. La secrétaire conseille d'aller voir un médecin directement à **l'hôpital**.

Placard	Cupboard
plusieurs	several
rester au lit	to stay in bed
elle veut/vouloir	she wants/to want
le médecin est absent	the doctor is absent
voir	to see
l'hôpital	the hospital

Martin **s'habille** et mange un petit peu. Il n'a pas faim, il **se sent** faible. Il n'est pas du tout **en forme**.
Sa maman **appelle** aussi le collège pour dire que son fils ne vient pas aujourd'hui car il est **malade**. Puis elle emmène Martin **en voiture** jusqu'à l'hôpital.
Il y a du monde dans **la salle d'attente** et la maman remplit une fiche en attendant son tour.

S'habiller	to dress up
en forme	fit
appeler	to call
malade	ill
en voiture	by car
la salle d'attente	the waiting room

Martin a **froid**, même si il est **chaudement habillé**. Le jeune garçon **n'aime pas** les hôpitaux et il a un petit peu peur. Il trouve que **ça sent** bizarre et il a peur des **aiguilles**. Pour attendre, Martin **regarde** les autres patients dans la salle d'attente. Il y a un homme avec **les doigts** gonflés comme quand on se fait piquer par **une abeille**. Il y a aussi une vieille dame qui a **mal au dos** et qui tousse et un petit garçon couvert de **sparadraps**.

Froid	cold
chaudement habillé	warmly dressed
il n'aime pas	he doesn't like
ça sent	it smells
aiguille	needle
regarder	to look
les doigts	the fingers
une abeille	a bee

le dos	the back
mal au dos	back ache
sparadraps	plaster/elastoplast

À **travers la vitre** de la salle d'attente, Martin voit passer des **chirurgiens** et des infirmières. Le jeune garçon pense que c'est **pénible** d'attendre. Il **déteste** ça. C'est comme quand il doit **attendre** dans **le cabinet** du dentiste. Mais chez **le dentiste**, il y a des livres dans la salle d'attente et Martin a encore plus peur d'avoir **mal** quand c'est son tour.

À travers la vitre	Through the window
Chirurgien	surgeon
pénible	painful
détester	to hate
attendre	to wait
le cabinet	consulting room
le dentiste	the dentist
mal	pain/ache/sickness

C'est enfin le tour de Martin d'être examiné par **un docteur**. Un **infirmier** vient le chercher lui et sa maman dans la salle d'attente et leur fait **traverser** l'hôpital jusqu'au **cabinet du médecin**.
Le docteur est un homme qui **semble très gentil**. Il parle doucement et demande à Martin **où** est-ce qu'il souffre.
« J'ai mal à **la tête**, dit Martin, dans **les bras** et dans **les jambes**. J'ai chaud et j'ai froid en même temps et je suis fatigué.
- Est-ce que tu **vomis** ?, demande le docteur. Est-ce que tu as mal au **ventre** ?
- Non », dit Martin.

Un docteur	a doctor
infirmier	nurse
traverser	cross
cabinet du médecin.	Doctor's office
il semble très gentil	he seems very kind
où	where
la tête	the head
les bras	the arms
les jambes	the legs
vomir	to vomit

Le docteur demande au jeune garçon de **se déshabiller** et de **s'asseoir** pour se faire examiner. Le docteur écoute son **cœur,** prend sa tension et regarde sa température.
« Je suis un peu **enrhumé** aussi, dit Martin. Je me mouche souvent...

- Tu utilises des **mouchoirs** en papier ?, demande le docteur.
- Oui. Maman m'a dit que c'est **meilleur** pour l'hygiène.
- Ta maman a parfaitement raison ! »

se déshabiller	to undress
s'asseoir	to sit
le cœur	the heart
enrhumé	have a cold
mouchoir	handkerchief
meilleur	best

Martin **ouvre** ensuite **la bouche** pour que le docteur regarde sa **gorge**. Elle est un peu **rouge**. L'homme examine ensuite **les oreilles** du jeune garçon, touche son ventre et son **estomac**. Il lui demande aussi de **tousser** pour écouter dans sa **poitrine**.
Ensuite, Martin se met **debout** et le docteur lui demande de **bouger** un peu. Le jeune garçon a des courbatures dans tout **le corps**.

Ouvrir	to open
la bouche	the mouth
la gorge	throat
rouge	red
les oreilles	the ears
estomac	stomach
tousser	to cough
poitrine	chest
debout	standing
bouger	to move
le corps	the body

« C'est bon, tu peux remettre tes **vêtements** », dit le docteur.
Martin se rhabille.
« Qu'est-ce que j'ai comme **maladie** ?, demande le jeune garçon au docteur.
- Tu as **la grippe**. Reste au lit toute cette semaine et **repose-toi**. Bientôt, tu vas **aller mieux**. »
Le médecin écrit **une ordonnance** pour des médicaments.

Vêtements	clothes
maladie	illness
la grippe	the flu
repose-toi.	Take a rest
aller mieux	to get better
une ordonnance	a prescription

La maman de Martin conduit son fils directement à **la pharmacie** pour prendre les **médicaments**. La pharmacie n'est pas loin de la maison et la mère connait très bien le pharmacien. C'est un de ses amis. Martin attend dans la voiture, au chaud.
« Comment va Martin ?, demande le pharmacien. .
- **Ça va pas** très fort. Il n'est pas en forme. Il est malade. Je viens chercher ses **médicaments.** »
Le pharmacien regarde l'ordonnance. Il donne à la maman de l'aspirine **en comprimé** contre **la douleur** et les **pilules** prescrites par le docteur.

La pharmacie	the pharmacy
médicaments	medicine
médicament	medicine
ça va/ça va pas	it's fine/it's not fine
en comprimé	tablet
douleur	pain
pilule	pill

De retour à la maison, Martin monte directement dans sa chambre.
« Tu **as besoin** de **te reposer**, dit la maman qui aide son fils à **se mettre au lit**. Et bientôt tu seras de nouveau en pleine santé !
- Je n'aime pas être malade, dit Martin. C'est **pénible** de **souffrir** comme ça.
- **Je sais.** Tu peux dormir, maintenant que tu as pris tes médicaments. Repose-toi.
- Merci maman. Le seul bon côté d'être malade, c'est que je ne vais pas à l'école ! »
La maman sourit : au moins, son fils ne **perd** pas son sens de l'humour !

Avoir besoin de	to need
se mettre au lit.	Going to bed
se repoer	to rest
pénible	painful
souffrir	to suffer
je sais	I know
perdre	to lose

Vocabulary Recap 6 :

Bonne santé	good health
l'école	the school
ce matin	this morning
se lève	to wake up
son lit	his bed
radio-réveil	alarm clock
la cuisine	the kitchen
s'inquiète	worry
la chambre	the bedroom
se lever	to get up
être en retard	to be late
je ne me sens pas bien	I don't feel good
les yeux	the eyes
dormir	to sleep
qu'est-ce qu'il y a ?	what's the matter?
malade	sick
Le front	the forehead
la fièvre	fever
Placard	Cupboard
plusieurs	several
rester au lit	to stay in bed
elle veut/vouloir	she wants/to want
le médecin est absent	the doctor is absent
voir	to see
l'hôpital	the hospital
S'habiller	to dress up
en forme	fit
appeler	to call
malade	ill
en voiture	by car
la salle d'attente	the waiting room
Froid	cold
chaudement habillé	warmly dressed
il n'aime pas	he doesn't like
ça sent	it smells
aiguille	needle
regarder	to look

les doigts	the fingers
une abeille	a bee
le dos	the back
mal au dos	back ache
sparadraps	plaster/elastoplast
À travers la vitre	Through the window
Chirurgien	surgeon
pénible	painful
détester	to hate
attendre	to wait
le cabinet	consulting room
le dentiste	the dentist
mal	pain/ache/sickness
Un docteur	a doctor
infirmier	nurse
traverser	cross
cabinet du médecin.	Doctor's office
il semble très gentil	he seems very kind
où	where
la tête	the head
les bras	the arms
les jambes	the legs
vomir	to vomit
se déshabiller	to undress
s'asseoir	to sit
le cœur	the heart
enrhumé	have a cold
mouchoir	handkerchief
meilleur	best
Ouvrir	to open
la bouche	the mouth
la gorge	throat
rouge	red
les oreilles	the ears
estomac	stomach
tousser	to cough
poitrine	chest
debout	standing
bouger	to move
le corps	the body

Vêtements	clothes
maladie	illness
la grippe	the flu
repose-toi.	Take a rest
aller mieux	to get better
une ordonnance	a prescription
La pharmacie	the pharmacy
médicaments	medicine
médicament	medicine
ça va/ça va pas	it's fine/it's not fine
en comprimé	tablet
douleur	pain
pilule	pill
Avoir besoin de	to need
se mettre au lit.	Going to bed
se repoer	to rest
pénible	painful
souffrir	to suffer
je sais	I know
perdre	to lose

Histoire/Story 7 : Pierre raconte des histoires.

Pierre Michelet est un vieux monsieur **maintenant**. Il a quatre-vingt-deux ans et il est à la retraite. **Autrefois**, il était agriculteur. **Il avait** une grande ferme dans la campagne. Sa maison **était** belle. Sa femme était belle **aussi**. Elle s'appelait Jeanne. Jeanne est morte **il y a trois ans** déjà. Elle manque beaucoup à Pierre. Le vieil homme habite dans **une maison de retraite** maintenant.

Maintenant	now
autrefois	formerly/in the past
il avait	he has
elle était	she was
aussi	also
il y a trois ans	three years ago
une maison de retraite	a retirement home

Pierre a deux enfants, une fille et un garçon. Sa fille n'est pas **encore** mariée, mais son fils a une femme et trois enfants. Les petits-enfants de Pierre viennent **souvent** le voir à la maison de retraite. Pierre est **toujours** content de les accueillir. Il leur raconte des histoires et des souvenirs de **quand il était jeune.**

Encore	still/yet
souvent	often
toujours	always
quand il était jeune	when he was young

Le grand-père commence souvent ses histoires par « **jadis** », car elles se situent dans le passé. Pierre raconte généralement ses souvenirs **l'après-midi** car il se couche **de bonne heure** à la maison de retraite. **Le soir**, les visites ne sont pas acceptées et son fils amène **rarement** ses petits-enfants **le matin**.

Jadis	yore
après-midi	afternoon
de bonne heure	early
le soir	the evening
rarement	rarely
le matin	the morning

Aujourd'hui, c'est jour des visites et Pierre est content de voir **de nouveau** sa famille. En plus, c'est **bientôt l'heure du goûter**. Il y a des gâteaux au citron à manger. Il y en a **fréquemment** à la maison de retraite car les personnes âgées **aiment** beaucoup les gâteaux au citron. Et **en ce moment,** il y a aussi souvent du chocolat chaud pour le goûter, en plus du thé et du café.

Aujourd'hui	today
de nouveau	again
bientôt	soon
l'heure du goûter.	snack-time
fréquemment	frequently
en ce moment	at the moment

D'habitude, Pierre attend **la fin** du goûter pour raconter son histoire. Il **commence** toujours à quatre heures pile et aujourd'hui ne fait pas exception. Pierre est un homme très ponctuel qui est toujours **à l'heure** !
Quand la grande horloge sonne quatre heures, les enfants posent leurs tasses vides sur la table et **ouvrent grandes leurs oreilles.**

D'habitude	usually
commencer	to begin
à l'heure	on time
quand	when
ouvrir	to open
ouvrent grandes leurs oreilles.	listen very carefully.

« **Il était une fois...** », commence Pierre. Il veut raconter un conte, comme il le fait **parfois**. Une histoire imaginaire avec des princesses, des **chevaliers** et des dragons. Un conte avec du suspens où, **tout à coup**, le dragon sort de sa grotte pour attaquer le village.
Pierre a beaucoup d'imagination. Il se dit **de temps en temps** qu'il pourrait écrire des livres d'histoires.

Il était une fois	once upon a time
parfois	sometimes
chevaliers	knights
tout à coup	suddenly
de temps en temps	occasionally

Ses petits-enfants enfants **ne veulent pas** d'une histoire inventée. Ils veulent **écouter** les souvenirs de leur grand-père. Pierre sourit. Il est content que sa famille s'intéresse à sa vie et à ce qu'il **a vécu.**
« **Quand j'étais jeune...** », commence-t-il alors.
Pierre ne veut pas raconter de mauvais **souvenirs**, comme ceux de la **guerre**. Non, il veut parler uniquement de ses souvenirs heureux. Il raconte donc sa **rencontre** avec Jeanne, leur mariage et leur belle maison.

Ils ne veulent pas	they don't want
écouter	to listen
a vécu	went through
quand j'étais jeune	when I was young
souvenirs	memories
guerre	war
une rencontre	a meeting

Les minutes et les **heures** passent. Les enfants sont captivés par l'histoire de leur grand-père. Ils ne voient pas **le temps** passer! Pourtant, la grande horloge montre chaque **seconde** qui s'écoule.

Pierre aussi est totalement **plongé** dans son histoire. Il a l'impression de revivre **son passé**.

« **Je m'en souviens comme si c'était hier** ! », dit-il à ses petits-enfants.

Heures	hours
le temps	the time
seconde	second
son passé	his past
Je m'en souviens comme si c'était hier !	I remember like it was yesterday!

Pierre raconte : « Je vois encore la maison. Elle est construite depuis **longtemps**. C'est une vieille maison mais qui est encore debout aujourd'hui. **Dans la journée**, elle est vide et calme. Mais quand vient le soir et qu'arrive **la nuit**, toutes les fenêtres sont éclairées. A **minuit**, l'été, on sort avec Jeanne dans le jardin pour regarder les étoiles dans le ciel. **Ensuite** on rentre pour s'endormir devant la cheminée. La cheminée est fréquemment allumée en hiver. **D'abord** Jeanne met **le bois**, ensuite **j'allume le feu**. »

longtemps	a long time
dans la journée	during the day
la nuit	the night
minuit	midnight
ensuite	next
le bois	the wood
d'abord	at first
j'allume le feu	I start the fire

Le grand-père est aussi un peu triste de **parler** du passé. Sa femme lui manque et sa vie d'avant aussi. Mais il pense que c'est important de transmettre son histoire **aux nouvelles générations**. Et le vieil homme veut que ses petits-enfants, quand ils seront plus grands, disent : « Quand j'étais petit, mon grand-père me racontait la vie à **son**

époque. »
Pierre sera fier si ses petits-enfants disent ça **un jour**.

Parler	to talk
aux nouvelles générations	to new generations
son époque	his era
un jour	one day

Dernièrement, le vieux monsieur **perd** un petit peu la mémoire. Tout à coup il s'arrête dans son histoire et ne sait plus ce qu'il dit. Il perd le fil des événements et se mélange les pinceaux. C'est qu'il ne prévoit rien **à l'avance** quand il raconte une histoire, donc il lui arrive de ne plus savoir où il en est. **Puis** Pierre est vieux, c'est normal de confondre **les choses** et les événements à son âge.

Dernièrement	recently
perd	lose
perdre	to lose
à l'avance	beforehand/in advance
puis	then
les choses	the things

Comme il se fait **tard** et que l'après-midi est déjà bien avancée, le fils de Pierre pense s'en aller. À la maison de retraite, c'est bientôt l'heure du dîner pour les personnes âgées. **Tout à l'heure**, le grand père va manger avec les autre retraités, puis regarder la télévisions ou jouer à des **jeux de société avant** d'aller se coucher.

Tard	late
tout à l'heure	in a minute
jeux de société	board game
avant	before

« Il faut partir maintenant, dit le fils de Pierre à ses trois enfants. L'heure tourne.
- Non, pas **tout de suite** !, se plaignent les enfants.
- Si, on y va **immédiatement** pour ne pas être en retard au cinéma. », dit le père.
Les enfants sont un petit peu déçus de partir, mais ils savent que, **tôt ou tard**, ils vont revenir voir leur grand-père.
« Vous revenez quand ? », demande Pierre.
Le vieux monsieur est impatient de **revoir** sa famille car il aime beaucoup les visites.
« Nous sommes venus **hier,** répond son fils. **Demain** je travaille toute la journée... nous reviendrons **après-demain** !
- **A bientôt** alors ! », dit Pierre en souriant.
Il est heureux car le temps va passer vite !

Tout de suite	immediately
immédiatement	immediately
tôt ou tard	sooner or later
revoir	to see again
hier	yesterday
demain	tomorrow
après-demain	day after tomorrow
à bientôt !	See you soon!

Vocabulary Recap 7 :

Maintenant	now
autrefois	formerly/in the past
il avait	he has
elle était	she was
aussi	also
il y a trois ans	three years ago
une maison de retraite	a retirement home
Encore	still/yet
souvent	often
toujours	always
quand il était jeune	when he was young
Jadis	yore
après-midi	afternoon
de bonne heure	early
le soir	the evening
rarement	rarely
le matin	the morning
Aujourd'hui	today
de nouveau	again
bientôt	soon
l'heure du goûter.	snack-time
fréquemment	frequently
en ce moment	at the moment
D'habitude	usually
commencer	to begin
à l'heure	on time
quand	when
ouvrir	to open
ouvrent grandes leurs oreilles.	listen very carefully.
Il était une fois	once upon a time
parfois	sometimes
chevaliers	knights
tout à coup	suddenly
de temps en temps	occasionally
Ils ne veulent pas	they don't want
écouter	to listen
a vécu	went through

quand j'étais jeune	when I was young
souvenirs	memories
guerre	war
une rencontre	a meeting
Heures	hours
le temps	the time
seconde	second
son passé	his past
Je m'en souviens comme si c'était hier !	I remember like it was yesterday!
longtemps	a long time
dans la journée	during the day
la nuit	the night
minuit	midnight
ensuite	next
le bois	the wood
d'abord	at first
j'allume le feu	I start the fire
Parler	to talk
aux nouvelles générations	to new generations
son époque	his era
un jour	one day
Dernièrement	recently
perd	lose
perdre	to lose
à l'avance	beforehand/in advance
puis	then
les choses	the things
Tard	late
tout à l'heure	in a minute
jeux de société	board game
avant	before
Tout de suite	immediately
immédiatement	immediately
tôt ou tard	sooner or later
revoir	to see again
hier	yesterday
demain	tomorrow
après-demain	day after tomorrow
à bientôt !	See you soon!

Histoire/Story 8 : Le magasin de meubles.

Cécile et Max sont un **jeune** couple. Ils se connaissent depuis **le lycée** et sortent ensemble depuis **plus de trois ans**. Cécile vit avec Max depuis **presque** deux ans et ils se sont fiancés l'année dernière. Ils pensent se marier **l'année prochaine,** après la naissance du bébé. Car oui, Cécile est **enceinte**. Elle espère que ce sera une fille. Max préfère avoir un garçon.

Jeune	young
le lycée	high school
plus de trois ans	more than three years
presque	almost
l'année prochaine	the next year
enceinte	pregnant

Avec la future arrivée de l'enfant pour agrandir la famille, le jeune couple décide de **déménager** dans un appartement plus grand. Il faut **une chambre en plus** pour le bébé. Puis Max veut **un bureau** car il aime bien avoir un espace tranquille et calme pour travailler.
Le couple a déjà trouvé un nouvel appartement et il déménage bientôt. Aujourd'hui, Cécile et Max **vont** dans un magasin de meubles.

Déménager	to move
une chambre en plus	an extra room
un bureau	a desk
ils vont/aller	they go/to go

Ils ont besoin de nouveaux **meubles** pour leur appartement. **Un lit** pour le bébé, un bureau pour Max et Cécile veut un nouveau **canapé**. Elle pense celui qu'ils ont actuellement est **trop vieux** et **démodé**. La jeune femme veut un canapé plus moderne et à la mode. Et peut-être une **petite** table basse aussi, de forme **triangulaire**, mais la jeune femme hésite.

Meuble	furniture
un lit	a bed
canapé	couch
trop vieux	too old
démodé	old-fashioned
petit/petite	small (M/F)
triangulaire	triangular

Le magasin de meubles est très **grand**. C'est le plus grand de la région et il y a beaucoup de voitures sur le parking. Cécile pense même qu'il est **immense** ! Elle a un petit peu peur de **se perdre** à l'intérieur. La jeune femme **n'aime pas** les labyrinthes. Mais son compagnon la rassure : personne ne va se perdre ! **Au pire**, ils se retrouvent à **l'extérieur** et s'appellent avec leurs téléphones mobiles.

Grand	big
immense	huge
se perdre	to be lost
elle n'aime pas	she doesn't like
Au pire	At the very least
l'extérieur	outside

Le couple **commence** par aller voir les bureaux. Il y a des bureaux **larges**, des bureaux **en bois** et même des bureaux **pour les enfants**. Max s'arrête devant un **long** bureau en bois avec de nombreux tiroirs.
« J'aime bien celui-ci, dit-il à sa fiancée.
- Oui, il est beau, mais il est très **lourd** ! »
Cécile dit à Max de se rappeler qu'il y a un escalier très **étroit** pour monter dans leur nouvel appartement. Monter un bureau aussi lourd et long sera une vraie **peine**. Max est d'accord et regarde un meuble plus **léger**.

Commencer	to begin
large	wide
en bois	in wood
pour les enfants	for kids
long	long
lourd	heavy
étroit	narrow
une peine	a pain
léger	light

Le jeune homme choisit un bureau en métal et en **verre**, très design. Il aime beaucoup que le dessus soit **transparent**, il trouve ça original et différent. Ce bureau a **trois tiroirs**, ce qui est suffisant pour le jeune homme. **Par contre**, il lui faut aussi **une nouvelle chaise** pour aller avec le bureau. L'ancienne est trop **vieille** et usée.

Métal	metal
verre	glass
transparent	transparent
trois tiroirs	three drawers
Par contre	However, on the other hand

une nouvelle chaise	a new chair
vieille	old
usée	used

Max essaye **plusieurs** chaises de bureau.
« Celle-ci est très **dure**, je suis mal assis, dit-il pour la première. Et celle-là est trop **moelleuse**, je m'enfonce dans le siège.
- **Que penses-tu** de cette chaise ? », demande Cécile.
La jeune femme montre une chaise de bureau avec un **haut** dossier tout droit. Max l'essaye.
« Oui, cette chaise est **parfaite** ! » , dit le jeune homme.

Plusieurs	several
dure	tough
moelleuse	mellowness
que penses-tu de.. ?	What do you think about... ?
Haut	high
parfait	perfect

Comme le nouveau bureau de Max et la chaise qui va avec **sont trouvés**, le couple va au rayon des lits d'enfants. Il faut trouver un lit pour le futur bébé. Cécile voit un mignon berceau **rectangulaire**, mais Max lui en montre un autre de forme **ovale**. Cécile hésite. Elle se demande si un lit avec des **barreaux cylindriques** n'est pas mieux.

Sont trouvés	are found
rectangulaire	rectangular
ovale	oval
barreaux cylindriques	cylindrical bars

« Les enfants grandissent **vite**, dit Max. C'est mieux d'acheter un lit à barreaux tout de suite, plutôt qu'un petit **berceau**. »
Cécile est d'accord. Elle montre deux lits de bébé à son fiancé.
« **Lequel tu préfères ?**, demande la jeune femme.
Le rouge est **joli** et grand, mais **il est moins pratique que le bleu**. Par contre, le vert est léger et **facilement** démontable car il est en plastique. »
Finalement, le couple choisit le lit d'enfant de couleur **bleue**.

Vite	quickly
berceau	cradle
lequel tu préfères ?	Which one do you prefer?
Joli	pretty
il est moins pratique que le bleu	it is less convenient than the blue

| facilement | easily |
| bleue | blue (F) |

Direction ensuite le rayon des canapés pour le jeune couple. Mais en chemin, Cécile s'arrête devant les **armoires.**
« Regarde ce magnifique meuble **carré** avec le miroir sur **les deux portes** !, dit-elle à Max. En plus je parie qu'il est très **solide** !
- Mais nous avons déjà une armoire, plus grande que celle-ci et qui est très bien. »
Cécile est un petit peu **déçue**, mais c'est vrai qu'elle a déjà une **belle** armoire chez elle. Donc elle n'a pas besoin d'en acheter une nouvelle.

Armoire	wardrobe
carré	square
les deux portes	the two doors
solide	robust
déçu	disappointed
belle	beautiful

Pour le nouveau canapé la jeune femme veut un canapé **deux places,** mais son fiancé pense que c'est mieux de prendre un canapé trois places.
« Celui **en cuir** est sympa, tu ne trouves-pas ?, demande Max.
- J'aime beaucoup le canapé **en tissus** rouge qui est de ce côté. En plus on peut enlever la housse pour la **laver**.
- Il est un peu bas, non ?; dit Max.
- Je ne trouve pas, répond Cécile. En plus, **le prix est moins cher** si on l'achète avec les deux fauteuils. »

deux places	two-seater
en cuir	in leather
tissus	tissue
laver	to wash
le prix est moins cher	the price is less expensive

Le couple réfléchit et regarde d'**autres** canapés. Finalement, ils choisissent le canapé trois places en tissus **rouge**. Cécile hésite avec le même modèle en tissus à **motifs**, mais elle pense que le motif de **fleurs** ne va pas avec les **rideaux** du futur appartement.
Comme le budget n'est pas encore atteint pour l'achat de ces quelques nouveaux meubles, Cécile en profite pour regarder **les coussins**. Il y a beaucoup de **choix** dans ce magasin. Il y a des coussins **ronds**, d'autres carrés et ils sont tous tout **doux** !

| **Autres** | others |
| **rouge** | red |

motif	pattern
fleurs	flowers
rideaux	curtains
les coussins	the pillows
le choix	choice
rond	round
doux	sweet

Cécile prend **une paire** de coussins en coton et un plaid en **laine** pour recouvrir le haut du canapé.

Le couple paye ensuite les achats et un vendeur les aide à transporter **les cartons** jusqu'à leur voiture sur le parking. Le lit pour le bébé ne prend **pas trop de place** et il rentre dans **le coffre** de la voiture. Mais le nouveau bureau de Max est trop volumineux et il ne rentre pas. Cécile et Max sont bien **embêtés.**

« Ce n'est pas grave, dit le vendeur. Le bureau pourra être livré directement chez vous **en même temps** que le canapé ! »

une paire	a pair
laine	wool
les cartons	cartons
pas trop de place	not too much space
embêtés.	bothered
le coffre	boot/trunk
en même temps	at the same time

Vocabulary Recap 8 :

Jeune	young
le lycée	high school
plus de trois ans	more than three years
presque	almost
l'année prochaine	the next year
enceinte	pregnant
Déménager	to move
une chambre en plus	an extra room
un bureau	a desk
ils vont/aller	they go/to go
Meuble	furniture
un lit	a bed
canapé	couch
trop vieux	too old
démodé	old-fashioned
petit/petite	small (M/F)
triangulaire	triangular
Grand	big
immense	huge
se perdre	to be lost
elle n'aime pas	she doesn't like
Au pire	At the very least
l'extérieur	outside
Commencer	to begin
large	wide
en bois	in wood
pour les enfants	for kids
long	long
lourd	heavy
étroit	narrow
une peine	a pain
léger	light
Métal	metal
verre	glass
transparent	transparent
trois tiroirs	three drawers
Par contre	However, on the other hand
une nouvelle chaise	a new chair

vieille	old
usée	used
Plusieurs	several
dure	tough
moelleuse	mellowness
que penses-tu de.. ?	What do you think about... ?
Haut	high
parfait	perfect
Sont trouvés	are found
rectangulaire	rectangular
ovale	oval
barreaux cylindriques	cylindrical bars
Vite	quickly
berceau	cradle
lequel tu préfères ?	Which one do you prefer?
Joli	pretty
il est moins pratique que le bleu	it is less convenient than the blue
facilement	easily
bleue	blue (F)
Armoire	wardrobe
carré	square
les deux portes	the two doors
solide	robust
déçu	disappointed
belle	beautiful
deux places	two-seater
en cuir	in leather
tissus	tissue
laver	to wash
le prix est moins cher	the price is less expensive
Autres	others
rouge	red
motif	pattern
fleurs	flowers
rideaux	curtains
les coussins	the pillows
le choix	choice
rond	round
doux	sweet

une paire	a pair
laine	wool
les cartons	cartons
pas trop de place	not too much space
embêtés.	bothered
le coffre	boot/trunk
en même temps	at the same time

Histoire/Story 9 : Séance de cinéma.

Nous sommes un **samedi après-midi** et Mélanie ne travaille pas. La jeune femme est **étudiante** et elle n'a pas de cours pendant le week-end. En général, durant son **temps libre** Mélanie va à la bibliothèque, car elle lit beaucoup de **livres**, ou elle va en centre-ville pour faire du **lèche-vitrine** dans les magasins de vêtements. Mais aujourd'hui, la jeune femme **téléphone** à l'une de ses meilleures amies : Léa.

Samedi après-midi	Saturday afternoon
étudiant	student
temps libre	free time
lèche-vitrine	window shopping
téléphoner	to (phone) call

Léa est aussi étudiante, dans la **même** université que Mélanie mais pas dans le même cursus. Les deux jeunes femmes n'ont pas de cours **ensemble**. Léa est une fille qui **aime s'amuser** : elle sort danser en **boîte de nuit** tous les samedis soir. Léa adore la musique, elle en **écoute** tous les jours. Mais elle aime aussi beaucoup **les films** et elle va **souvent** au cinéma.

Même	same
ensemble	together
aimer	to like
s'amuser	to have fun
boîte de nuit	nightclub
écouter	to listen
les films	movies
souvent	often

Léa regarde de nombreuses **séries à la télévision**. Elle aime les **séries policières** mais elle préfère les **histoires d'amour**. Elle n'aime pas les séries historiques : l'Histoire n'est pas **une matière** qu'elle aime vraiment. Et les séries trop réalistes l'**ennuient**. Pour les films, c'est la même chose : Léa veut **voir** de l'aventure et de l'action !

Séries à la télévision	series on tv
série policière	police series/detective series
histoire d'amour	love story
une matière	a subject
ennuyer	to bore
voir	to see

Léa est contente que Mélanie lui téléphone. Elle propose d'aller voir un film au cinéma. Les deux jeunes femmes ne **savent** pas quel film elles vont voir, mais elles se retrouvent à **quatorze heures** devant le cinéma du centre-**ville**.
« Salut Léa !, dit Mélanie. **J'ai pris le programme** pour regarder les **horaires** des séances. Il y a un film de *James Bond* dans trente minutes. Tu veux le voir ? »
Léa lit **le résumé** du film et regarde **l'affiche**. Oui, elle est d'accord pour voir ce film.

Elles savent/savoir	they know/to know
quatorze heures	2:00PM
ville	city
j'ai pris le programme	I took the program
horaires	timetable
résumé	summary
l'affiche	the poster

Devant **le guichet** à l'intérieur du cinéma, les deux filles font la queue dans **la file d'attente**. Mélanie en profite pour **regarder** si elle a des réductions pour **les tickets** avec sa carte d'étudiante. Et oui, comme elle est étudiante, le prix du ticket est **moins cher**, quelle chance !
« Bonjour, dit Mélanie à la vendeuse du guichet. **Deux places** pour le dernier *James Bond,* s'il-vous-plaît. »
Mélanie et Léa n'oublient pas de montrer leurs cartes d'étudiantes pour avoir la réduction. La femme du guichet leur dit qu'elles ont aussi le droit à une réduction au stand des confiseries.

Le guichet	the counter
la file d'attente	queue
regarder	to look
les tickets	the tickets
moins cher	less expensive
deux places	two-seater

Il reste quelques minutes avant **le début** de la séance et les deux jeunes femmes vont au **stand de confiseries** avant d'entrer dans la salle.
Mélanie achète du pop-corn et un soda. Léa veut **une glace** mais il n'y en a plus à la vanille et elle n'aime pas le chocolat. À la place, la jeune femme **achète** un sachet de **bonbons** à la fraise et **une bouteille d'eau.**
« **Tu vas** aux toilettes avant que ça commence ?, demande Léa à son amie.
- Non, c'est bon. J'irai en sortant. »

la réduction	a reduction
le début	the beginning

stand de confiseries	sweetshop
une glace	an ice-cream
acheter	to buy
bonbons	candies
une bouteille d'eau	a bottle of water
tu vas/aller	you go/to go

Les deux filles **montrent** leurs tickets.
« Salle 3 », dit l'homme en leur montrant les portes de **gauche**.
Mélanie sait que la salle trois de ce cinéma est celle avec le plus grand **écran**. C'est aussi la plus grande salle, avec le plus de places pour les **spectateurs**.
Il y a déjà du monde dans la salle et les deux filles ne savent pas **où s'asseoir**.
« Pas trop **près** de l'écran », dit Léa.
Mélanie voit qu'au fond de la salle les sièges **sont pris**. Mais il y a des places **libres** vers le centre.

Elles montrent/montrer	they show/to show
gauche	left
écran	screen
spectateurs	audience
où s'asseoir	where to sit
près	near
sont pris.	Are taken
libres	free

La lumière s'éteint et l'écran **s'allume**. Avant le film, il y a des **publicités**. Mélanie n'aime pas regarder ces publicités. Elle explique à son amie que, **autrefois**, il y avait des informations au cinéma. Léa ne le savait pas, elle est contente d'**apprendre** quelque chose de nouveau.
« J'espère que le film est **divertissant** », dit Léa alors que le **générique d'ouverture** commence et que **le titre** apparaît.

La lumière	the light
allumer	to turn on
publicités	advert(ising)
autrefois	in the past
apprendre	to learn
divertissant	entertaining
générique d'ouverture	opening title sequence
le titre	the title

Le film que les deux filles regardent est un **film à gros budget**. Il y a beaucoup d'actions et aussi des **effets-spéciaux**. Il y a des explosions et des **cascades**, par exemple.

L'histoire est **intéressante** : c'est une histoire d'espionnage inspirée d'**un roman**. Mélanie connait ce roman et elle pense que c'est une bonne adaptation : **le réalisateur** fait du bon travail !

Film à gros budget	blockbuster
effets-spéciaux	special effects
cascades	stunts
intéressante	interesting
un roman	a novel
le réalisateur	the director

Pendant **le générique de fin**, la lumière se rallume dans la salle. Les spectateurs se lèvent et sortent de la salle. **Un enfant** en profite pour monter sur la petite **scène** qui est devant l'écran, mais il **se fait disputer** par sa maman. Léa et Mélanie regardent le générique jusqu'au bout. Elles échangent leurs impressions et leurs **sentiments** sur le film.

Le générique de fin	credits
un enfant	a child
la scène	stage
se fait disputer	gets reprimanded
sentiments	feelings

« J'aime vraiment beaucoup cet **acteur**, dit Mélanie. Il joue bien et **j'aime** quand il fait des films d'aventure.

- Moi, aussi, j'aime bien cet acteur, mais je pense que **l'actrice** est bien meilleure ! », répond Léa.

Mélanie n'est pas tout à fait d'accord avec **son amie**, mais elle ne connait pas bien l'actrice. Elle croit que c'est principalement une actrice de **théâtre**, mais la jeune femme n'en est pas sûre.

« La musique de ce film est très belle, dit Léa. Ils ont un bon **orchestre**. »

acteur	actor
j'aime	I like
actrice	actress
son amie	her friend
théâtre	theater
orchestre	orchestra

Les deux jeunes femmes passent un bon après-midi. **Elles sortent** de la salle et regardent un panneau d'annonces pour les prochains films.

« Ce **dessin animé** semble sympa !, dit Mélanie en montrant une petite affiche.
- Je n'aime pas trop les films d'animations, dit Léa. C'est pour les enfants. Mais regarde ça : un film de science-fiction ! **La prochaine fois**, on va le voir ! »
Le film a l'air bien, mais il est **sous-titré** et Mélanie préfère les films **doublés en français**.

Elles sortent/sortir	they go out/to go out
dessin animé	animated movie
la prochaine fois	the next time
sous-titré	subtitled
doublé en français	dubbed in French

Le genre favori de la jeune femme est la comédie. Mélanie aime **rire** et elle pense que les films au cinéma sont faits pour **se reposer** et **passer un bon moment**. La dernière fois, elle a vu un navet, avec une histoire compliquée et **triste**. Elle était très déçue mais ne pouvait pas **se faire rembourse**r. Heureusement, avec son amie Léa, Mélanie voit toujours des **bons films** !

Le genre	sort/kind
rire	to laugh
se reposer	to rest
passer un bon moment	to have a good time
triste	sad
se faire rembourser	refund
bon film	good movie

Vocabulary Recap 9 :

Samedi après-midi	Saturday afternoon
étudiant	student
temps libre	free time
lèche-vitrine	window shopping
téléphoner	to (phone) call
Même	same
ensemble	together
aimer	to like
s'amuser	to have fun
boîte de nuit	nightclub
écouter	to listen
les films	movies
souvent	often
Séries à la télévision	series on tv
série policière	police series/detective series
histoire d'amour	love story
une matière	a subject
ennuyer	to bore
voir	to see
Elles savent/savoir	they know/to know
quatorze heures	2:00PM
ville	city
j'ai pris le programme	I took the program
horaires	timetable
résumé	summary
l'affiche	the poster
Le guichet	the counter
la file d'attente	queue
regarder	to look
les tickets	the tickets
moins cher	less expensive
deux places	two-seater
la réduction	a reduction
le début	the beginning
stand de confiseries	sweetshop
une glace	an ice-cream
acheter	to buy

bonbons	candies
une bouteille d'eau	a bottle of water
tu vas/aller	you go/to go
Elles montrent/montrer	they show/to show
gauche	left
écran	screen
spectateurs	audience
où s'asseoir	where to sit
près	near
sont pris.	Are taken
libres	free
La lumière	the light
allumer	to turn on
publicités	advert(ising)
autrefois	in the past
apprendre	to learn
divertissant	entertaining
générique d'ouverture	opening title sequence
le titre	the title
Film à gros budget	blockbuster
effets-spéciaux	special effects
cascades	stunts
intéressante	interesting
un roman	a novel
le réalisateur	the director
Le générique de fin	credits
un enfant	a child
la scène	stage
se fait disputer	gets reprimanded
sentiments	feelings
acteur	actor
j'aime	I like
actrice	actress
son amie	her friend
théâtre	theater
orchestre	orchestra
Elles sortent/sortir	they go out/to go out
dessin animé	animated movie
la prochaine fois	the next time
sous-titré	subtitled

doublé en français	dubbed in French
Le genre	sort/kind
rire	to laugh
se reposer	to rest
passer un bon moment	to have a good time
triste	sad
se faire rembourser	refund
bon film	good movie

Histoire/Story 10 : Un charmant hôtel.

John et Martha Roberts sont **anglais**. Ils vivent à **Londres** avec leurs deux enfants et leur chat. Toute la famille Roberts **aime** vraiment beaucoup la France. La fille y est déjà venue **deux fois** -une fois avec son école et une fois pour les vacances ; les parents et le fils sont venus **deux semaines l'an passé**. Ils étaient dans **un camping** du sud de la France et ont beaucoup aimé **les paysages**, la mer et le soleil.

Anglais	English
Londres	London
aimer	to like
deux fois	twice
deux semaines l'an passé	two weeks last year
un camping	a camp site
le paysage	the landscape

John et Martha ne connaissent pas Paris. Ils **voient** des images à la télévision et dans les **journaux**, mais ils ne sont jamais allés dans la capitale française. Pourtant il y a beaucoup de choses à voir et à visiter à Paris ! Le couple **organise** donc un week-end dans la ville, seulement tous les deux **sans leurs enfants**. Martha **réserve** les billets de train et une chambre dans un hôtel.

Ils voient/voir	they see/to see
journaux	newspapers
organiser	to organize
sans leurs enfants	without their children
réserver	to book

L'hôtel est situé au centre de la capitale, près d'un **quartier** touristique, mais dans **une rue calme**. John et Martha **trouvent** l'hôtel facilement : il n'est pas très loin de la station de **métro**.
A l'accueil, c'est une jeune femme souriante qui leur souhaite la **bienvenue**. Elle demande au couple si ils sont anglais, mais les Roberts répondent qu'ils **parlent** un peu français.

Hôtel	hostel
quartier	neighborhood
une rue calme	a quiet street
trouver	to find
le métro	the tube
bienvenue	welcome

parler	to speak

La réceptionniste est très gentille et elle écrit leur nom dans le registre. John remplit le formulaire pour avoir les clefs. C'est un hôtel de grand standing. Les valises sont prises en charge par un bagagiste qui les monte dans la chambre. L'homme accompagne aussi les Roberts pour leur montrer leur chambre. Ils ont la chambre numéro 202, deuxième étage. Il y a un ascenseur pour monter.

La réceptionniste	receptionist
érire	to write
remplir un formulaire	fill in a form
valises	lugguage
bagagiste	porter
chambre	bedroom
deuxième étage	second floor
un ascenseur	an elevator

La chambre est grande, claire et spacieuse. C'est une chambre avec un lit deux places. Il y a des placards pour ranger les vêtements, une télévision et un mini-bar. Martha voit que la salle de bain est très propre. Il y a des serviettes de toilette, des petits savons et du shampooing offert par l'hôtel.
De la fenêtre, les Roberts ont une magnifique vue sur Paris. Ils voient aussi la Tour Eiffel !

Spacieuse	spacious
une chambre avec un lit deux places	a double room
placards	cupboards
la salle de bain	the bathroom
serviettes de toilette	towels
savon	soap
offert par l'hôtel	complimentary
la Tour Eiffel	The Eiffel Tower

Le bagagiste dépose les valises et indique au couple les horaires du restaurant de l'hôtel. Le petit-déjeuner est servi entre sept heures et dix heures le matin. C'est un libre-service, il n'y a pas de serveur et le placement aux tables est libre. Les Roberts ne sont pas en pension complète. Le bagagiste montre également comment fonctionne le téléphone et indique le numéro de la réception. Les Roberts le remercient et John lui donne un petit pourboire.

Le petit-déjeuner	breakfast
libre-service	self-service

pension complète	full board
montrer	to show
pourboire	tip

Pendant que John défait les valises, sa femme Martha va à la salle de bain pour se rafraîchir un petit peu. Les serviettes de toilettes **sentent bon** ! Martha pense prendre **un bain**, car la chambre est une chambre avec **baignoire**. Elle ouvre le robinet d'**eau chaude**, mais l'eau coule très mal. Martha appelle **son mari** pour qu'il regarde le problème.

Elles sentent bon	they smell good
un bain	a bath
baignoire	bathtub
eau chaude	hot water
son mari	her husband

John pense que **ce n'est pas normal**. Il prend le téléphone et appelle la réception. Mais la ligne sonne **occupée**. L'homme raccroche le combiné. Il **attend** quelques minutes et il appelle **à nouveau**. Mais la réception ne **répond** toujours pas. Agacé, John dit à sa femme qu'il descend directement. Martha **va avec lui**.

Ce n'est pas normal	it's not normal
occupé	busy
attendre	to wait
à nouveau	again
répondre	to answer
elle va avec lui	she goes with him

Dans **le couloir**, il y a une jolie moquette sur le sol et des photos accrochées aux **murs**. Martha regarde les photos pendant que son mari ferme leur chambre à **clef**. Madame Roberts est contente de voir qu'il n'y a pas d'enfants qui **jouent** dans les couloirs de l'hôtel. Elle connait **un hôtel bas de gamme** où les enfants font beaucoup de **bruit** dans les couloirs.

Le couloir	the corridor
murs	walls
clef	key
jouer	to play
un hôtel bas de gamme	budget hotel
bruit	noise

En bas de l'escalier, dans **le hall**, monsieur et madame Roberts retrouvent la réceptionniste. John **explique** le problème du robinet dans la salle de bain. La jeune femme lui confirme que ce n'est pas normal. Elle propose au couple de **changer** de chambre. Martha hésite : est-ce qu'ils auront une chambre aussi bien ? La vue sera la même ? Martha veut voir la Tour Eiffel depuis sa **fenêtre** ! La réceptionniste lui **dit** que oui, tout sera **pareil**. La nouvelle chambre a même **un balcon** en plus ! Les Roberts acceptent donc de changer de chambre.

Le hall	lobby
expliquer	to explain
changer	to change
fenêtre	window
dire	to say
pareil	same
un balcon	a balcony

Martha demande si, avec son mari, ils peuvent avoir des **peignoirs de bain**. La réceptionniste dit que oui, que c'est **la femme de chambre** qui s'en occupe. **Le personnel de l'hôtel** fait tout pour satisfaire ses clients, pour que **les clients** passent un agréable séjour. La réceptionniste explique qu'il y a très peu de **réclamations** ici. En général, les clients **ne se plaignent pas,** mais l'hôtel a quand même des **formulaires si le séjour se déroule mal**.

Peignoirs de bain	bathrobe
la femme de chambre	chambermaid
le personnel de l'hôtel	staff
les clients	clients/guests
réclamation	complaint
se plaindre	to complain
des formulaires si le séjour se déroule mal.	Forms if the stay goes badly.

Comme ils sont à la réception, les Roberts en profitent pour **demander** plus d'informations sur Paris et **les endroits** à visiter dans la capitale. La réceptionniste leur donne **une carte de la ville** et **un plan** du métro. Il y a aussi des **brochures** sur les différents musées. La réceptionniste leur conseille de visiter le Louvre. Elle leur écrit les horaires d'**ouverture**. Si les Roberts veulent sortir le soir et la nuit, le parking de l'hôtel ferme. Il faut **une carte magnétique**. Mais les Roberts n'ont pas de voiture de toute façon. Ils se déplacent en métro ou en taxi.

Demander	to ask
les endroits	the places
une carte de la ville	a city map
un plan	a map
brochures	brochures

ouverture	opening
une carte magnétique	a magnetic pass

John et Martha remercient la femme qui est vraiment très **gentille**. Martha est contente de sa réservation dans cet hôtel : tout se passe très bien et elle n'est pas **déçue** ! Avant de remonter dans la chambre pour prendre quelques affaires et commencer leur visite de Paris, John et Martha remercient la réceptionniste.
« **Il n'y a pas de quoi !** », leur répond la femme.
Heureusement que John et Martha trouvent la réceptionniste gentille car ils vont l'entendre tous les matins : le couple a choisi le **réveil par téléphone** !

Gentil/gentille	kind (M/F)
déçu	disappointed
Il n'y a pas de quoi !	You're welcome!
Réveil par téléphone	wake-up call

Vocabulary Recap 10 :

Anglais	English
Londres	London
aimer	to like
deux fois	twice
deux semaines l'an passé	two weeks last year
un camping	a camp site
le paysage	the landscape
Ils voient/voir	they see/to see
journaux	newspapers
organiser	to organize
sans leurs enfants	without their children
réserver	to book
Hôtel	hostel
quartier	neighborhood
une rue calme	a quiet street
trouver	to find
le métro	the tube
bienvenue	welcome
parler	to speak
La réceptionniste	receptionist
érire	to write
remplir un formulaire	fill in a form
valises	lugguage
bagagiste	porter
chambre	bedroom
deuxième étage	second floor
un ascenseur	an elevator
Spacieuse	spacious
une chambre avec un lit deux places	a double room
placards	cupboards
la salle de bain	the bathroom
serviettes de toilette	towels
savon	soap
offert par l'hôtel	complimentary
la Tour Eiffel	The Eiffel Tower
Le petit-déjeuner	breakfast
libre-service	self-service
pension complète	full board

montrer	to show
pourboire	tip
Elles sentent bon	they smell good
un bain	a bath
baignoire	bathtub
eau chaude	hot water
son mari	her husband
Ce n'est pas normal	it's not normal
occupé	busy
attendre	to wait
à nouveau	again
répondre	to answer
elle va avec lui	she goes with him
Le couloir	the corridor
murs	walls
clef	key
jouer	to play
un hôtel bas de gamme	budget hotel
bruit	noise
Le hall	lobby
expliquer	to explain
changer	to change
fenêtre	window
dire	to say
pareil	same
un balcon	a balcony
Peignoirs de bain	bathrobe
la femme de chambre	chambermaid
le personnel de l'hôtel	staff
les clients	clients/guests
réclamation	complaint
se plaindre	to complain
des formulaires si le séjour se déroule mal.	Forms if the stay goes badly.
Demander	to ask
les endroits	the places
une carte de la ville	a city map
un plan	a map
brochures	brochures
ouverture	opening
une carte magnétique	a magnetic pass
Gentil/gentille	kind (M/F)

déçu	disappointed
Il n'y a pas de quoi !	You're welcome!
Réveil par téléphone	wake-up call

Histoire/Story 11 : Au bureau avec Martine.

Martine Leclerc est **secrétaire**. C'est **une employée de bureau** qui travaille dans une grande agence de voyages. Martine ne vend pas les voyages directement aux clients : avec **le personnel** du bureau, elle s'occupe de l'organisation pour **les clients** et du site internet de l'agence. Martine **aime** son travail, elle trouve qu'il est **intéressant** et elle y va **tous les jours**.

Secrétaire	secretary
employé de bureau	office worker
le personnel	personnel
les clients	the customers
aimer	to like
intéressant	interesting
tous les jours	every day

Aujourd'hui nous sommes mardi et Martine **commence** à huit heures. **L'immeuble de bureaux** où elle travaille se trouve en centre-ville. Il est très grand et abrite **plusieurs** agences. A l'entrée, il y a **un vigile** que Martine salue tous les matins. C'est un homme très **gentil et souriant**. Martine le connait bien et elle vient souvent discuter avec lui pendant **les pauses**.

Commencer	to begin
l'immeuble de bureaux	office block
plusieurs	several
un vigile	a secutity guard
gentil et souriant	kind and smiling
les pauses	the breaks

D'habitude, Martine prend **l'ascenseur** pour **se rendre** au secrétariat où elle travaille. Mais ce matin, la femme va voir **le chef de bureau**. Il y a un nouveau **stagiaire** et c'est Martine qui **doit l'aider** dans sa formation. Elle a reçu **une note de service** hier à ce sujet. Le stagiaire s'appelle Maxime. Il connait **l'informatique** et il **est impatient** de commencer son stage préparatoire.

L'ascenseur	the elevator
se rendre	to go
le chef de bureau	the office manager
aider	to help
une note de service	a memo
le stagiaire	trainee / intern

doit (devoir)	must
informatique	computing
impatient	cannot wait / excited

Martine commence par lui faire visiter les bureaux. Elle **présente** ses collègues et demande au stagiaire comment il a **posé sa candidature** pour ce stage. Le jeune homme explique que c'est un **stage de formation** qu'il a trouvé avec son école. Il va ainsi gagner de **l'expérience professionnelle** et, plus tard, il aura plus facilement **un contrat de travail.**

Présenter	to introduce
poser sa candidature	to apply for
stage de formation	block release
l'expérience professionnelle	career to date
un contrat de travail	a contract of employment

Les heures de bureau sont très souples et il y a **un organigramme** pour les différentes tâches. Par exemple, c'est Martine qui s'occupe du **courrier** au secrétariat. Chaque matin, **un coursier** lui apporte les lettres et les paquets urgents et Martine vérifie que tout est en ordre pour **le courrier à expédier.** Souvent, la femme doit s'occuper des **lettres de relance.** Ce n'est pas la partie qu'elle préfère.

Les heures de bureau	office hours
un organigramme	organisation chart
courrier	mail
un coursier	courier
le courrier à expédier	out tray
lettre de relance	follow-up letter

Le bureau de Martine est une jolie petite pièce avec **une fenêtre** qui ouvre sur un parc. L'été, la vue est très belle. **Sur son bureau**, la secrétaire **a tout ce dont elle a besoin.** Il y a des **stylos**, des feuilles de papiers, des **trombones** et une **agrafeuse.** Les **enveloppes** sont dans le tiroir avec **la colle** et **les surligneurs.** Martine a aussi des **ciseaux**, du **scotch** et une **perforatrice.** Aux pieds du bureau, il y a une indispensable **corbeille à papier.**

Une fenêtre	a window
sur son bureau	on her desk
a tout ce dont elle a besoin	has everything she needs
stylos	pens
trombone	paper-clip
agrafeuse	stapler
enveloppe	enveloppe

la colle	glue
surligneur	highlighter
ciseaux	scissors
scotch	scotch tape
perforatrice	hole punch
corbeille à papiers	waste-paper basket

Il y a aussi **un ordinateur** sur le bureau, car Martine s'occupe également des e-mails, et **un fax** relié au téléphone. **Par terre**, près du bureau, il y a **une imprimante**. Souvent, l'imprimante n'a plus d'**encre** et Martine va chercher des **cartouches d'encre** neuves dans la réserve. Quand la réserve est **vide**, il faut en recommander.
La secrétaire trouve **une chaise** pour le stagiaire et elle lui explique comment **prévenir** l'**informaticien** par téléphone si l'ordinateur a un problème.

Un ordinateur	a computer
un fax	fax machine
Par terre	On the floor
une imprimante	a printer
encre	toner
cartouche d'encre	ink cartridge
une chaise	a chair
prévenir	to contact
informaticien	computer specialist

Maxime **pose des questions** à propos des étagères. Dans le bureau de Martine, contre le mur, il y a en effet deux grandes et hautes **étagères** avec beaucoup de **classeurs à anneaux** de toutes les couleurs. Martine explique au stagiaire que les classeurs sont là pour ranger les contrats **terminés** de cette année. Dans **les pochettes**, par contre, il y a les affaires en cours. Et pour les contrats et les papiers des **années précédentes**, ils sont tous conservés dans **le bureau des archives** au sous-sol.

Poser des questions	to ask questions
étagère	shelf
classeurs à anneaux	ring-binder
terminé	finished
les pochettes	document covers
années précédentes	past years
le bureau des archives	records office

La première **tâche** de Maxime en tant que stagiaire et de faire des photocopies. Ce n'est pas très intéressant, mais le jeune homme pense que **c'est mieux** que de préparer du café. Martine lui montre **la photocopieuse** et lui explique comment la machine fonctionne. Ce n'est pas très compliqué. La femme **montre a**u stagiaire où se trouvent **les rames de papier**. Maxime a le choix entre du **papier ordinaire** ou du **papier recyclé**. Le jeune homme a plusieurs pages à **photocopier** et il doit ensuite les ranger dans **les chemises**. Martine lui expliquera plus tard le système de classement.

Tâche	task
c'est mieux	it's better
la photocopieuse	photocopier
montrer	to show
les rames de papier	reams
papier ordiaire	plain paper
papier recyclé	recycled paper
photocopier	to duplicate
les chemises	folders

Maxime met **la feuille** dans la photocopieuse et appuie sur le bouton. Mais la première copie est ratée : **la copie recto-verso** n'est pas droite. Le jeune homme jette le papier dans **la déchiqueteuse**. Il regarde la feuille se faire **broyer**. Il peut aussi **mettre en boule** la feuille ratée et la jeter dans la poubelle, mais la déchiqueteuse est plus amusante. Maxime termine de faire les doubles des autres documents et les **apporte** à Martine.

la feuille	the sheet
la copie recto-verso	double-sided copying
la déchiqueteuse	shredder
broyer	to shred
mettre en boule	to bale paper
apporter	to bring

La secrétaire est contente du travail du stagiaire. Elle lui **explique** comment fonctionne **le système de classement**. Les dossiers sont **classés par année**, certains ont un **classement par clients** et d'autres sont **classés par sujet**. C'est plus pratique pour **collecter les données** et ensuite les archiver. Martine explique aussi que sur **le programme de traitement de texte** il y a un **répertoire des entreprises** qui reprend certaines informations des dossiers.

Expliquer	to explain
le système de classement	filing system
classer par année	to file according to year
classer par client	to file according to client's name
classer par sujet	to file by subject

collecter les données	to collect data
le programme de traitement de texte	word processing program
répertoire des entreprises	trade directory

A la pause, Maxime et Martine ont bien travaillé. Le jeune homme a appris beaucoup de choses et il sent que **cet emploi** lui plaît. Martine lui explique qu'elle a fait **une formation interne à l'entreprise** avant de signer un contrat de travail. Comme elle travaille ici depuis **plusieurs années** maintenant, la femme aimerait avoir **une promotion**. Peut-être même qu'un jour elle sera **cadre** !

Cet emploi	this job
une formation interne à l'entreprise	in-house training
plusieurs années	several years
une promotion	a promotion
cadre	executive

Maxime pense que c'est de plus en plus difficile de **trouver un bon travail**. Le jeune homme explique que son père **cherche un emploi** actuellement. Il envoie son **C.V** à de nombreuses entreprises et espère être **recruté** rapidement. En plus, il y a souvent **une période d'essai** avant d'être définitivement **embauché**. Maxime dit que si son père ne trouve pas de travail dans son secteur, il va **se reconvertir**.

Trouver un bon travail	to find a good job
chercher un emploi	to look for a job
C.V/ Curriculum Vitae	résumé
recruter	to recruit
période d'essai	probation
embaucher	to employ
se reconvertir	to retrain

A la fin de **la première journée** de stage de Maxime, Martine pense que le jeune homme est très **qualifié**. Il a tout à fait **les compétences** pour ce travail et pourrait **faire carrière** dans un grand cabinet. Heureusement pour le jeune homme, ses études lui offrent beaucoup de **débouchés**. Maxime peut choisir le métier qu'il préfère et peut-être que, comme Martine, **il sera secrétaire bilingue** !

La première journée	the first day
qualifié	qualified
les compétences	qualifications
faire carrière	make a career
débouché	job opening

il sera secrétaire bilingue

he will be a bilingual secretary

Vocabulary Recap 11:

Secrétaire	secretary
employé de bureau	office worker
le personnel	personnel
les clients	the customers
aimer	to like
intéressant	interesting
tous les jours	every day
Commencer	to begin
l'immeuble de bureaux	office block
plusieurs	several
un vigile	a secutity guard
gentil et souriant	kind and smiling
les pauses	the breaks
L'ascenseur	the elevator
se rendre	to go
le chef de bureau	the office manager
aider	to help
une note de service	a memo
le stagiaire	trainee / intern
doit (devoir)	must
informatique	computing
impatient	cannot wait / excited
Présenter	to introduce
poser sa candidature	to apply for
stage de formation	block release
l'expérience professionnelle	career to date
un contrat de travail	a contract of employment
Les heures de bureau	office hours
un organigramme	organisation chart
courrier	mail
un coursier	courier
le courrier à expédier	out tray
lettre de relance	follow-up letter
Une fenêtre	a window
sur son bureau	on her desk
a tout ce dont elle a besoin	has everything she needs
stylos	pens
trombone	paper-clip
agrafeuse	stapler
enveloppe	enveloppe

la colle	glue
surligneur	highlighter
ciseaux	scissors
scotch	scotch tape
perforatrice	hole punch
corbeille à papiers	waste-paper basket
Un ordinateur	a computer
un fax	fax machine
Par terre	On the floor
une imprimante	a printer
encre	toner
cartouche d'encre	ink cartridge
une chaise	a chair
prévenir	to contact
informaticien	computer specialist
Poser des questions	to ask questions
étagère	shelf
classeurs à anneaux	ring-binder
terminé	finished
les pochettes	document covers
années précédentes	past years
le bureau des archives	records office
Tâche	task
c'est mieux	it's better
la photocopieuse	photocopier
montrer	to show
les rames de papier	reams
papier ordiaire	plain paper
papier recyclé	recycled paper
photocopier	to duplicate
les chemises	folders
la feuille	the sheet
la copie recto-verso	double-sided copying
la déchiqueteuse	shredder
broyer	to shred
mettre en boule	to bale paper
apporter	to bring
Expliquer	to explain
le système de classement	filing system
classer par année	to file according to year
classer par client	to file according to client's name

classer par sujet	to file by subject
collecter les données	to collect data
le programme de traitement de texte	word processing program
répertoire des entreprises	trade directory
Cet emploi	this job
une formation interne à l'entreprise	in-house training
plusieurs années	several years
une promotion	a promotion
cadre	executive
Trouver un bon travail	to find a good job
chercher un emploi	to look for a job
C.V/ Curriculum Vitae	résumé
recruter	to recruit
période d'essai	probation
embaucher	to employ
se reconvertir	to retrain
La première journée	the first day
qualifié	qualified
les compétences	qualifications
faire carrière	make a career
débouché	job opening
il sera secrétaire bilingue	he will be a bilingual secretary

Histoire/Story 12 : Sophie est au téléphone.

Sophie Marchand est une **adolescente**. Elle vit chez ses parents, dans une maison en centre-ville, avec sa grande sœur et son chat. Sophie a **treize ans** et elle va au collège. Mais c'est bientôt son **anniversaire** et la jeune fille est impatiente de le fêter. Pour le célébrer, **elle veut** inviter tous ses copains et ses copines à la maison pour **jouer ensemble** et **manger du gâteau**.

Adolescente	a teenager
treize ans	13 years old
anniversaire	birthday
elle veut/vouloir	she wants/to want
jouer ensemble	to play together
manger du gâteau	to eat cake

Sophie **a déjà donné** des cartes d'invitations à la plupart de **ses amis** qui sont avec elle à l'école. Mais elle n'a pas donné d'invitation à Léa, **sa meilleure amie**, car les deux jeunes filles ne sont pas dans **le même collège**. En plus, Sophie n'a pas l'adresse de Léa. Elle peut **chercher** son adresse dans **l'annuaire**, mais la jeune fille préfère **téléphoner** à sa copine. C'est plus simple et plus **pratique**. Puis Sophie connait par cœur le numéro de téléphone de Léa.

Elle a déjà donné	she has already given
ses amis	her friends
sa meilleure amie	her best friend (F)
le même collège	the same middle school
chercher	to search
l'annuaire	the phone book
téléphoner	to call on the phone
pratique	convenient

Sophie demande à sa mère si elle peut passer **un coup de fil**.
« **Bien sûr**, ma chérie, dit la maman. Mais je crois que ta sœur Julia est au téléphone en ce moment. »
Sophie monte dans **la chambre** de sa sœur pour **prendre** le téléphone. Julia a pourtant **un téléphone mobile**, elle peut appeler ses amies sans prendre le téléphone fixe de la maison ! L'adolescente demande à sa sœur de **raccrocher** et Julia fini par donner le téléphone en **soupirant**.

Un coup de fil	a phone call (informal)
bien sûr	of course

la chambre	the bedroom
prendre	to take
un téléphone mobile	a cell phone
raccrocher	to hang up
soupirant	sighed

Sophie s'enferme dans **sa propre chambre** pour être tranquille. Elle **compose le numéro** de son amie Léa et attend. **Ça sonne.** Après un court instant, quelqu'un **décroche** le combiné à l'autre bout du fil.

« **Allô ?**, dit Léa.

- Allô, qui est à l'appareil ?, demande **un homme** avec une vieille voix.
- Bonjour, je suis Sophie, l'amie de Léa. **Est-ce que Léa est là s'il-vous-plait ?**
- Qui est-ce ?, demande l'homme. **Quel est ton nom ?**
- **Je m'appelle** Sophie Marchand. Je veux parler à Léa s'il-vous-plait.
- Non, **elle n'est pas là.** Il n'y a pas de Léa ici, dit l'homme. Tu t'es trompée de numéro. »

sa propre chambre	her own bedroom
composer le numéro	to dial a number
ça sonne	it's ringing
décrocher	to pick up (the phone)
allô ?	Hello?
Un homme	a man
est-ce que Léa est là s'il-vous-plait ?	Is Léa there, please?
Quel est ton nom ?	What is your name?
Je m'appelle...	My name is...
elle n'est pas là	she is not here

« **Excusez-moi de vous avoir dérangé** alors, dit Sophie. Au revoir. »

L'homme raccroche et Sophie aussi. Est-ce vrai que la jeune fille **se trompe de numéro** ? Pourtant elle connait le numéro de Léa par cœur ! Sophie a **un doute**. Elle va chercher l'annuaire et cherche le nom de son amie. Elle veut **vérifier** le numéro... Oui, en effet, **elle pense** s'être trompée : elle a composé un six à la place du neuf qui se trouve à la fin ! Sophie **rigole** de son erreur et décroche de nouveau le combiné.

Excusez-moi de vous avoir dérangé	Sorry to have bothered you
se tromper de numéro	to get the wrong number
un doute	a doubt
vérifier	to check
elle pense/penser	she thinks/to think

rigoler	to laugh

La jeune fille aime bien entendre **la tonalité** avant de composer le numéro, mais elle n'aime pas **attendre** quand ça sonne. Cette fois-ci, elle attend longtemps.
« Décroche, décroche... », dit-elle tout bas.
Mais **personne ne répond**. Au bout d'un moment, Sophie tombe sur **le répondeur téléphonique**. La jeune fille hésite et **laisse finalement un message** :
« Bonjour, c'est Sophie Marchand, la copine de Léa. Comme elle n'est pas là, est-ce qu'elle peut me **rappeler** quand elle va rentrer ? **Mon numéro est le** 03.45.29.30.61. Merci beaucoup ! »

la tonalité	dial tone
attendre	to wait
personne ne répond	nobody answers
le répondeur téléphonique	answering machine
laisser un message	to leave a message
rappeler	to call back
mon numéro est le...	my number is...

Sophie **n'aime pas** laisser un message sur le répondeur car elle n'aime pas **parler** à des machines électroniques. Mais la plus grande **peur** de la jeune fille quand elle téléphone, c'est d'**être coupée**. **Une fois**, Sophie **appelait** son grand-père qui vit dans le sud de la France et il y avait de **l'orage** dehors. Alors qu'il parlait, **la connexion est devenue très mauvaise** et, tout à coup, Sophie n'entendait plus personne parler. Elle s'est beaucoup inquiétée cette fois-là.

Elle n'aime pas	she doesn't like
parler	to talk
peur	fear
être coupé	to be cut off
une fois	once
elle appelait	she was calling
orage	thunderstorm
la connexion est très mauvaise	the signal is very poor

Le plus amusant pour Sophie, c'est d'**appeler** ses cousins en Angleterre. Ils vivent là-bas avec leur père, l'oncle de la jeune fille , et leur **belle-mère** qui est anglaise.
Quand Sophie les appelle, elle demande à sa mère **l'indicatif du pays** et comme elle n'est pas très bonne en anglais elle parle en français mais prend soin d'être toujours bien polie et de parler **lentement** pour être sûre de se faire comprendre. Elle dit « **Je voudrais parler à** Théo et Kévin, s'il-vous-plait. **C'est de la part de** leur cousine

Sophie ». Et, en général, la belle-mère reconnaît la voix de la jeune fille, mais souvent **la ligne est occupée.**

Le plus amusant	the most fun
appeler	to call/phone call
belle-mère	Step-mother
indicatif du pays	the area/country code
lentement	slowly
je voudrais parler à...	I'd like to speak to ...
c'est ce la part de...	... is calling
la ligne est occupée	the line is busy

Plus tard dans la journée, le téléphone des Marchand sonne. C'est madame Marchand qui **répond.**
« Allô ?, dit la mère.
- Bonjour, **pourrais-je parler à Sophie ?**, lui demande une jeune fille.
- Oui, **c'est de la part de qui ?**
- C'est Léa !
- Ah, Léa ! **Ne quitte pas, je te la passe. »**
Madame Marchand appelle alors sa fille et lui donne le téléphone.

Plus tard	later
répondre	to answer
pourrais-je parler à Sophie ?	May I speak to Sophie?
C'est de la part de qui ?	Who is calling?
Ne quitte pas/ne quittez pas	please hold
je te la passe/je vous le passe	I'm transferring your call

« Allô, Léa ?, dit Sophie qui est contente que son amie la rappelle. **Ne raccroche pas,** je monte dans ma chambre ! »
La jeune fille emmène le téléphone à l'étage et s'installe sur son lit.
« Voilà, c'est bon ! **Comment ça va ?**, demande Sophie.
- **Je vais bien, et toi ?**, répond Léa.
- Ça va ! J'ai appelé chez toi tout à l'heure, mais **tu étais absente.**
- Oui, **j'étais à la piscine** avec mes parents. Mais **j'ai écouté t**on message quand je suis rentrée à la maison. Qu'est-ce que tu voulais me dire ?
- Tu sais que c'est **bientôt** mon anniversaire, explique Sophie. Je veux t'inviter à la fête que l'on fait **samedi prochain** ! Tu es libre ?
- Oh, super ! Oui, **je suis libre** samedi. **Je vais demander** à ma mère si elle est d'accord mais je pense que c'est bon.
- Génial ! La fête **commence** à trois heures.

- D'accord, dit Léa. Et je vais apporter un cadeau, bien sûr ! »

ne raccroche pas/ne raccrochez pas	don't hang up
comment ça va	how are you? (informal)
je vais bien et toi ?	I'm fine and you?
Tu étais absente	you were absent
j'étais à la piscine	I was at the swimming pool
j'ai écouté	I listened
bientôt	soon
samedi prochain	next Saturday
je suis libre	I'm free
je vais demander	I will ask
commencer	to begin

Vocabulary Recap 12:

Adolescente	a teenager
treize ans	13 years old
anniversaire	birthday
elle veut/vouloir	she wants/to want
jouer ensemble	to play together
manger du gâteau	to eat cake
Elle a déjà donné	she has already given
ses amis	her friends
sa meilleure amie	her best friend (F)
le même collège	the same middle school
chercher	to search
l'annuaire	the phone book
téléphoner	to call on the phone
pratique	convenient
Un coup de fil	a phone call (informal)
bien sûr	of course
la chambre	the bedroom
prendre	to take
un téléphone mobile	a cell phone
raccrocher	to hang up
soupirant	sighed
sa propre chambre	her own bedroom
composer le numéro	to dial a number
ça sonne	it's ringing
décrocher	to pick up (the phone)
allô ?	Hello?
Un homme	a man
est-ce que Léa est là s'il-vous-plait ?	Is Léa there, please?
Quel est ton nom ?	What is your name?
Je m'appelle...	My name is...
elle n'est pas là	she is not here
Excusez-moi de vous avoir dérangé	Sorry to have bothered you
se tromper de numéro	to get the wrong number
un doute	a doubt
vérifier	to check

elle pense/penser	she thinks/to think
rigoler	to laugh
la tonalité	dial tone
attendre	to wait
personne ne répond	nobody answers
le répondeur téléphonique	answering machine
laisser un message	to leave a message
rappeler	to call back
mon numéro est le...	my number is...
Elle n'aime pas	she doesn't like
parler	to talk
peur	fear
être coupé	to be cut off
une fois	once
elle appelait	she was calling
orage	thunderstorm
la connexion est très mauvaise	the signal is very poor
Le plus amusant	the most fun
appeler	to call/phone call
belle-mère	Step-mother
indicatif du pays	the area/country code
lentement	slowly
je voudrais parler à...	I'd like to speak to ...
c'est ce la part de...	... is calling
la ligne est occupée	the line is busy
Plus tard	later
répondre	to answer
pourrais-je parler à Sophie ?	May I speak to Sophie?
C'est de la part de qui ?	Who is calling?
Ne quitte pas/ne quittez pas	please hold
je te la passe/je vous le passe	I'm transferring your call
ne raccroche pas/ne raccrochez pas	don't hang up
comment ça va	how are you? (informal)
je vais bien et toi ?	I'm fine and you?
Tu étais absente	you were absent
j'étais à la piscine	I was at the swimming pool
j'ai écouté	I listened

bientôt	soon
samedi prochain	next Saturday
je suis libre	I'm free
je vais demander	I will ask
commencer	to begin

Histoire/Story 13 : Le festival.

Chaque année à la fin de l'été, la ville de Jeanne et Dominique accueille un festival en **plein air.** Des spectacles sont organisés dans **la campagne**, à quelques minutes en voiture du centre-ville, pour le plus grand bonheur des habitants. **Il y a aussi** des touristes qui viennent passer quelques jours pour voir les différents spectacles et profiter du festival. Celui-ci dure sur tout un week-end, **du vendredi au dimanche.**

Chaque année	every year
plein air	outdoors
la campagne	the countryside
il y a aussi	there is also
du vendredi au dimanche	from Friday to Sunday

Cette année, comme tous les ans, Jeanne et Dominique décident d'**aller** à ce festival. L'an dernier, Jeanne avait beaucoup aimé les **représentations.** La jeune femme **espère** que les numéros seront aussi bon cette saison. En plus, il y a **un cirque** cette année. Un grand **chapiteau** est dressé dans un champ, **au milieu de la campagne** et il y a **des affiches** en ville pour inviter les spectateurs.

Aller	to go
représentation	performance
espérer	to hope
un cirque	a circus
chapiteau	chapiteau circus
au milieu de la campagne	in the middle of the countryside
des affiches	posters

Dominique **achète** deux places pour le cirque. La représentation **commence à trois heures** et les gens entrent déjà sous le chapiteau. Il n'y a pas de **placeur**, chacun s'assoit où il le veut sur les bancs de bois autour de la grande **arène centrale.** Jeanne regarde **le programme** : elle est impatiente de voir **le dresseur**, mais elle a un petit peu peur des clowns.

Acheter	to buy

ça commence à trois heures	it begins at 3 o'clock
placeur	usher
arène centrale	central circus ring
le programme	program
le dresseur	the animal trainer

Le numéro des **jongleurs** est très amusant. Jeanne ne sait pas **jongler** et elle admire ces artistes. Puis c'est au tour des **acrobates** d'entrer sur la piste. Dominique n'aime pas trop **l'acrobatie**. Il préfère **la gymnastique**, mais le gymnaste est **malade** aujourd'hui. Son numéro est remplacé par de **la pantomime**. Jeanne trouve l'artiste très **drôle**, mais elle est encore plus **heureuse** de voir le numéro de **dressage de chevaux**. Les **écuyers** sont impressionnants et le dresseur est très bon. Il est presque aussi bon que **le dompteur** de lion qui fait passer l'animal dans un cercle de feu.

Jongleur	juggler
jongler	to juggle
acrobate	acrobat
acrobatie	acrobatics
gymnastique	gymnastics
malade	sick/ill
la pantomime	pantomime
drôle	funny
heureuse	glad
dressage de chevaux	horse training
écuyers	equestrian
le dompteur	animal-tamer

Après le numéro des clowns vient celui du **magicien**. Dominique adore voir **les tours de passe-passe**. Il aimerait être **l'assistant** du magicien pour connaître **le truc.** À la fin de ce numéro il y a beaucoup d'**applaudissements** : tout le monde aime la magie.
La représentation se termine avec **un athlète** et d'autres acrobates qui font des **saltos**. Jeanne et Dominique **sortent** du chapiteau avec des étoiles dans les yeux.

Magicien	magician
tour de passe-passe	magic trick
assistant	assistant
le truc	stunt
applaudissements	applause
un athlète	an athlete (strongman)
salto	somersault
sortir	to go out

Les deux amis décident ensuite d'aller voir **un spectacle de danse**. Il y a **une salle de danse** installée dans une vielle ferme. C'est là que se déroule **un ballet**. Jeanne aime beaucoup **la danse classique** et elle est fascinée par **les chaussons de danse**. Elle connait aussi cette **compagnie de ballet** qui est vraiment originale dans ses spectacles. Les **danseurs et danseuses** ne sont pas en **tutu** et la mise en scène est très contemporaine.

Un spectacle de danse	a dance spectacle
une salle de danse	ballroom
un ballet	ballet
la danse classique	ballet dancing
les chaussons de danse	ballet shoes
compagnie de ballet	ballet company
danseur/danseuse	dancer (M/F)
tutu	ballet skirt

Dominique voit sur le programme du festival que, le soir, dans la même salle de danse, il y a **un bal public**. Tout le monde peut venir y danser **le swing**, le **tango** ou **la valse**. Dominique ne sait danser que **les slows** et il veut apprendre à danser **le flamenco**. Mais il n'a pas de **partenaire** et Jeanne n'aime pas danser, même si elle adore **regarder** les spectacles de danse et surtout ceux de **danse moderne**. Dominique pense venir aux **répétitions** de fin d'après-midi : elles sont **gratuites**, ouvertes à tout le monde et elles sont comme des **leçons de danse**.

Un bal public	open dance
le swing	swing jive
le tango	tango
la valse	waltz
le slow	slow waltz
le flamenco	flamenco
partenaire	dancing partner
regarder	to watch
danse moderne	modern dance
répétition	rehearsal
gratuit	free
leçon de danse	dance lesson

Après la danse classique, les deux amis vont à un concert. Jeanne veut aller au concert de jazz et voir **un bœuf**, mais Dominique préfère le rock'n'roll et les **guitares électriques**. Sa musique favorite est le **heavy métal** alors que Jeanne préfère les chansons plus **calmes**. Finalement, les deux amis se mettent d'accord pour **voir ensemble** un concerto de musique classique avant d'aller chacun de leur côté.

un bœuf	a jamming session
guitare électrique	electric guitar
heavy métal	heavy metal
calme	quiet

L'orchestre est très grand, il est composé de **beaucoup** de musiciens et d'instruments. Jeanne est un petit peu **déçue** de voir qu'il n'y a pas de **harpiste**. Quand **le chef d'orchestre** arrive, il dit quelques mots sur **le compositeur**, puis le morceau commence. Dominique est fasciné de voir **la flûte à bec**. C'est un très bel instrument, aussi intéressant que **la contrebasse**. Mais les plus beaux sont les violons et **les violonistes** sont vraiment très bons. Jeanne pense qu'il s'agit d'un orchestre du **conservatoire** de la ville.

voir ensemble	to see together
Orchestre	orchestra
beaucoup	many
déçu	disappointed
harpiste	harpist
le chef d'orchestre	the conductor
le compositeur	composer
la flûte à bec	recorder (instrument)
la contrebasse	double bass
violoniste	violinist
le conservatoire	music academy

Au festival, il y a beaucoup de concerts. La plupart sont en plein air et certains sont même gratuits. Le programme annonce de **la musique pop**, un **concert de rap** et même du **reggae**. Jeanne sait que Dominique ira au concert de **punk**. La jeune femme, elle, préfère aller écouter **un trio** d'**instruments à vent** qui jouera le lendemain.

Musique pop	pop music
concert de rap	rap concert
reggae	reggae
punk	punk music
un trio	a trio
instruments à vent	wind instruments

La journée se termine. Dominique et Jeanne ont encore le temps de voir un spectacle ou une animation **avant de rentrer chez eux**. Ils s'arrêtent d'abord à la buvette du festival pour **acheter des boissons**. Jeanne a très soif car il fait beau et **chaud** aujourd'hui. Elle demande **une bouteille d'eau**. Dominique prend un soda et achète aussi **un en-cas**.

Avant de rentrer chez eux	before going home
acheter des boissons	to buy drinks
chaud	hot/warm
une bouteille d'eau	a bottle of water
un en-cas	a snack

Ensuite, les deux amis terminent la journée en allant à **une exposition** de **peintures** et de sculptures. Jeanne aime l'art, surtout **l'art moderne** et contemporain et tout spécialement **l'art abstrait**. Dominique ne comprend pas **les dessins** qui ne représentent rien. Il pense que ces œuvres sont des **croûtes**, même si **les coloris** sont jolis. Dominique ne comprend pas pourquoi **les collectionneurs** achètent ce genre de tableaux.

Une exposition	an exhibition
peintures	paintings
l'art moderne	modern art
l'art abstrait	abstract art
les dessins	drawings
une croûte	daub
le coloris	coloring
les collectionneurs	collectors

Dominique préfère les sculptures de l'exposition. Il y a des **bustes** en **argile** et une très grande **statue équestre**. Dominique pense que c'est **un moulage**, mais il est quand même impressionné. Il y a aussi des statues en **terre cuite** et des **gravures** dans cette exposition qui continue avec des photographies. La plupart des photos sont des **paysages**, mais il y a aussi quelques **portraits**. Dominique regarde les photos et tout à coup il reconnaît **la maison de son grand-père** sur l'une d'entre elles. Il pense que c'est amusant et, comme la photo est belle, il décide de l'acheter. Et comme ça, il garde **un souvenir** de ce festival !

Buste	bust
argile	clay
statue équestre	equestrian statue
un moulage	cast
terre cuite	terracotta
gravure	engraving
paysage	landscape
portrait	portrait

**la maison de son grand-
père
un souvenir**

his grandfather's house
a memory

'

Vocabulary Recap 13:

Chaque année	every year
plein air	outdoors
la campagne	the countryside
il y a aussi	there is also
du vendredi au dimanche	from Friday to Sunday
Aller	to go
représentation	performance
espérer	to hope
un cirque	a circus
chapiteau	chapiteau circus
au milieu de la campagne	in the middle of the countryside
des affiches	posters
Acheter	to buy
ça commence à trois heures	it begins at 3 o'clock
placeur	usher
arène centrale	central circus ring
le programme	program
le dresseur	the animal trainer
Jongleur	juggler
jongler	to juggle
acrobate	acrobat
acrobatie	acrobatics
gymnastique	gymnastics
malade	sick/ill
la pantomime	pantomime
drôle	funny
heureuse	glad
dressage de chevaux	horse training
écuyers	equestrian
le dompteur	animal-tamer
Magicien	magician
tour de passe-passe	magic trick
assistant	assistant
le truc	stunt
applaudissements	applause
un athlète	an athlete (strongman)
salto	somersault

sortir	to go out
Un spectacle de danse	a dance spectacle
une salle de danse	ballroom
un ballet	ballet
la danse classique	ballet dancing
les chaussons de danse	ballet shoes
compagnie de ballet	ballet company
danseur/danseuse	dancer (M/F)
tutu	ballet skirt
Un bal public	open dance
le swing	swing jive
le tango	tango
la valse	waltz
le slow	slow waltz
le flamenco	flamenco
partenaire	dancing partner
regarder	to watch
danse moderne	modern dance
répétition	rehearsal
gratuit	free
leçon de danse	dance lesson
un bœuf	a jamming session
guitare électrique	electric guitar
heavy métal	heavy metal
calme	quiet
voir ensemble	to see together
Orchestre	orchestra
beaucoup	many
déçu	disappointed
harpiste	harpist
le chef d'orchestre	the conductor
le compositeur	composer
la flûte à bec	recorder (instrument)
la contrebasse	double bass
violoniste	violinist
le conservatoire	music academy
Musique pop	pop music
concert de rap	rap concert
reggae	reggae
punk	punk music
un trio	a trio
instruments à vent	wind instruments

Avant de rentrer chez eux	before going home
acheter des boissons	to buy drinks
chaud	hot/warm
une bouteille d'eau	a bottle of water
un en-cas	a snack
Une exposition	an exhibition
peintures	paintings
l'art moderne	modern art
l'art abstrait	abstract art
les dessins	drawings
une croûte	daub
le coloris	coloring
les collectionneurs	collectors
Buste	bust
argile	clay
statue équestre	equestrian statue
un moulage	cast
terre cuite	terracotta
gravure	engraving
paysage	landscape
portrait	portrait
la maison de son grand-père	his grandfather's house
un souvenir	a memory

Histoire/Story 14 : John apprend le français.

John Robertson veut **apprendre le français**. Il aime cette **langue** et il aime la France depuis qu'il est enfant. Mais l'homme **travaille toute la journée** et il n'a pas le temps de se rendre dans **une école** pour suivre des cours du soir. John est donc bien embêté, car apprendre le français peut aussi lui être **utile** dans son travail. Une de ses amies lui parle alors de **l'enseignement à distance**.

Apprendre le français	to learn French
la langue	the language
travailler toute la journée	to work all day
une école	a school
utile	useful
l'enseignement à distance	distance learning

John se renseigne sur l'enseignement à distance. Il pense que c'est **pratique** d'étudier depuis sa maison : chacun peut aller à **son propre rythme**, en étudiant **lentement ou vite** et travailler les leçons et les exercices **quand il le veut**. Et, en plus, il n'y a pas besoin de se déplacer. Pour apprendre **une langue étrangère, les frais d'inscription** ne sont pas très élevés. John décide donc d'essayer cette méthode.

Pratique	convenient
son propre rythme	own pace/rhythm
lentement ou vite	slowly or quickly
quand il le veut	when he wants
une langue étrangère	a foreign language
les frais d'inscription	inscription/registration fee

Les cours par correspondance se font via **une plate-forme** sur internet avec **l'ordinateur**. John décide de **s'abonner**. Il reçoit par e-mail son **mot de passe**. Le **service en ligne** est très bien fait : il y a des cours en lignes et des **exercices interactifs**. L'abonné peut également suivre des cours virtuel avec **un professeur** ou des **conférences virtuelles** avec d'autres élèves. L'abonnement permet d'accéder à beaucoup de **modules** d'apprentissage multimédia.

Cours par correspondance	course by correspondence
une plate-forme	forum
ordinateur	computer

s'abonner	to subscribe
mot de passe	password
service en ligne	online service
exercices interactifs	interactive exercises
un professeur	a teacher
conférence virtuelle	virtual conference
module	learning unit

Après **plusieurs semaines** à suivre des cours sur cette plate-forme, John trouve que ce n'est pas suffisant. Il apprend **les bases** de la langue, mais il veut aller plus loin dans son **apprentissage**. Il décide alors de s'inscrire dans une autre formation à distance, plus **complète**. Au bout de quelques jours, John reçoit par courrier du **matériel éducatif**. Il y a des CDs audios et des DVD qui servent de **support audiovisuel**.

Plusieurs semaines	several weeks
les bases	the basics
apprentissage	learning
complète	complete
matériel éducatif	educational materials
support audiovisuel	audio-visual aids

John se dit qu'il a besoin de **matériel scolaire** pour bien étudier. Il se rend dans **un supermarché** pour **acheter** plusieurs choses. Il achète des **feuilles**, des **stylos** et un **dictionnaire bilingue** anglais-français. John pense que le dictionnaire est indispensable lorsque l'on **apprend** une nouvelle langue. Il en profite pour aussi acheter des **cahiers**, des **surligneurs** de toutes les couleurs et un **classeur** pour ranger ses cours. Avec tout ça, John va bien apprendre !

Matériel scolaire	school materials
un supermarché	a supermarket
acheter	to buy
feuille	sheet
stylo	pen
dictionnaire bilingue	bilingual dictionary
apprendre	to learn
cahier	exercise book
surligneur	highlighter
classeur	binder

John suit les leçons grâce au **manuel**. Pour chaque leçon, il y a un texte à **lire** et à **écouter** avec les CD audio. Ensuite, il y a une vidéo à **regarder** avec le lecteur DVD et enfin il y a une partie d'exercices à compléter. John a un **livre de réponses** avec les solutions des exercices. Comme ça il peut **vérifier** que ce qu'il écrit dans son **cahier de brouillon** est correct ou non. Lorsqu'il fait des **erreurs**, John corrige son exercice et **comprend** pourquoi il a fait une faute.

Manuel	textbook
lire	to read
écouter	to listen
regarder	to watch
livre de réponses	answer book
vérifier	to check
cahier de brouillon	rough paper
erreurs	mistakes
comprendre	to understand

Avec son **manuel autodidacte**, John apprend **les règles** de français. Il aime bien lire et écouter la langue, mais il a un peu de mal avec **la phonétique**. Il ne parle pas encore très bien le français. La **grammaire** lui pose quelques problèmes : John trouve que la grammaire française est **difficile**. Mais il est assez bon en **orthographe**. Il trouve qu'écrire **les mots** correctement n'est pas très compliqué. Puis plusieurs mots français **ressemblent** aux mots anglais et s'écrivent de la même manière.

Manuel autodidacte	teach-yourself book
les règles	the rules
la phonétique	phonetics
grammaire	grammar
difficile	difficult
orthographe	spelling
les mots	words
ressembler	to look like

Quand il ne connait pas un mot, John le cherche dans le dictionnaire. Il **connait** tout l'alphabet et **épèle** les nouveaux mots pour mieux les retenir et les **prononcer**. La prononciation est parfois difficile pour John. **Les accents français** lui posent souvent des problèmes. Il hésite toujours sur le bon accent à **écrire** ! Et, parfois, il ne sait plus si le mot s'écrit **avec un accent** ou **sans accent**. John note aussi **la définition** des mots dans son cahier : ça l'aide à apprendre du nouveau **vocabulaire**.

Connaître	to know
épeler	to spell
prononcer	to pronounce
les accents français	the French accent

écrire	to write
avec un accent	with an accent
sans accent	without an accent
la définition	definition
vocabulaire	vocabulary

John apprend plutôt lentement, mais c'est un rythme qui lui va. Des fois, il se dit que **c'est mieux** d'avoir un professeur **quand il a besoin d'aide**. Mais apprendre **par lui-même** est amusant et John se sent **fier** quand il voit ses progrès. Même si il a quelques **faiblesses** sur certains points, comme la **traduction** et la conjugaison par exemple. Mais John **bachote** dur et étudie tous les jours. Il veut pouvoir parler **couramment** le français. Puis même si il apprend à distance, John va bientôt passer des examens pour recevoir **une attestation d'étude.**

C'est mieux	it's better
quand il a besoin	
d'aide	when he needs help
par lui-même	by himself
fier	proud
faiblesses	weaknesses
traduction	translation
bachoter	to cram
couramment	fluently
une attestation	
d'étude	certificate of studies

L'évaluation se fait trois fois dans l'année pour tous les élèves qui **suivent** cette formation à distance. Ils se regroupent dans une salle et passent l'examen. Personne n'est **dispensé** car il n'y a pas d'**évaluation continue**. En plus, l'examen est important car il sert à vérifier **les acquis** de chacun. John espère **réussir l'examen**. Il est un peu stressé car **le coefficient** de chaque exercice est élevé. Mais il pense avoir au moins **la moyenne.**

Évaluation	assessment
suivre	to follow
être dispensé	to be exempt
évaluation continue	continuous assessment
les acquis	experience/knowledge
réussir l'examen	succeed the exam
le coefficient	coefficient
la moyenne	average

C'est une jeune femme qui **surveille l'examen** et elle explique qu'elle est **la note**

d'admission et que **le relevé de notes** est envoyé par courrier aux candidats une semaine après l'examen. John est rassuré par ces **explications :** il ne va pas attendre longtemps pour savoir si il est **reçu** ou non. Puis il se dit que ce n'est pas comme à l'école : il n'y a pas de **retenue** ni de **renvoi** si quelqu'un échoue. En plus, il peut repasser l'examen lors d'une autre session si il n'a pas la moyenne lors de celle-ci.

Surveiller l'examen	to invigilate
la note d'admission	pass mark
le relevé de notes	transcript of marks
explications	explanations
reçu	admitted
retenue	detention
renvoi	expulsion

John est **heureux** car il a réussi son évaluation ! Il a de bonnes notes et il reçoit son **certificat**. La formation à distance pour apprendre **une langue vivante** est vraiment très bien et **intéressante** ! Mais maintenant, John veut passer le niveau supérieur : **améliorer** son français oral. Pour cela, il s'inscrit dans **un groupe de travail** où il présente des **exposés** avec d'autres élèves. A la fin, il passera un examen oral et sera vraiment **qualifié**.

Heureux	glad
certificat	certificate
une langue vivante	modern language
intéressant	interesting
améliorer	to improve
un groupe de travail	working group
exposé	presentation
qualifié	qualified

Vocabulary Recap 14:

Apprendre le français	to learn French
la langue	the language
travailler toute la journée	to work all day
une école	a school
utile	useful
l'enseignement à distance	distance learning
Pratique	convenient
son propre rythme	own pace/rhythm
lentement ou vite	slowly or quickly
quand il le veut	when he wants
une langue étrangère	a foreign language
les frais d'inscription	inscription/registration fee
Cours par correspondance	course by correspondence
une plate-forme	forum
ordinateur	computer
s'abonner	to subscribe
mot de passe	password
service en ligne	online service
exercices interactifs	interactive exercises
un professeur	a teacher
conférence virtuelle	virtual conference
module	learning unit
Plusieurs semaines	several weeks
les bases	the basics
apprentissage	learning
complète	complete
matériel éducatif	educational materials
support audiovisuel	audio-visual aids
Matériel scolaire	school materials
un supermarché	a supermarket
acheter	to buy
feuille	sheet
stylo	pen
dictionnaire bilingue	bilingual dictionary
apprendre	to learn
cahier	exercise book
surligneur	highlighter

classeur	binder
Manuel	textbook
lire	to read
écouter	to listen
regarder	to watch
livre de réponses	answer book
vérifier	to check
cahier de brouillon	rough paper
erreurs	mistakes
comprendre	to understand
Manuel autodidacte	teach-yourself book
les règles	the rules
la phonétique	phonetics
grammaire	grammar
difficile	difficult
orthographe	spelling
les mots	words
ressembler	to look like
Connaître	to know
épeler	to spell
prononcer	to pronounce
les accents français	the French accent
écrire	to write
avec un accent	with an accent
sans accent	without an accent
la définition	definition
vocabulaire	vocabulary
C'est mieux	it's better
quand il a besoin d'aide	when he needs help
par lui-même	by himself
fier	proud
faiblesses	weaknesses
traduction	translation
bachoter	to cram
couramment	fluently
une attestation d'étude	certificate of studies
Évaluation	assessment
suivre	to follow
être dispensé	to be exempt
évaluation continue	continuous assessment

les acquis	experience/knowledge
réussir l'examen	succeed the exam
le coefficient	coefficient
la moyenne	average
Surveiller l'examen	to invigilate
la note d'admission	pass mark
le relevé de notes	transcript of marks
explications	explanations
reçu	admitted
retenue	detention
renvoi	expulsion
Heureux	glad
certificat	certificate
une langue vivante	modern language
intéressant	interesting
améliorer	to improve
un groupe de travail	working group
exposé	presentation
qualifié	qualified

Histoire/Story 15 : Une longue histoire d'amour et d'amitié.

Please note, this story may be a bit immoral for some people (it includes details of people having an affair, but nothing graphic). If you are not comfortable or disapprove of this kind of story, please do not read it. Thank you.

Charles et Alice ont treize et douze ans. Ils ne vont pas dans **la même école** mais ils se connaissent depuis qu'ils sont tout petits. Ils sont **amis** et **leur amitié est très forte**. Charles pense même qu'Alice est **sa meilleure amie**. Alice, elle, pense que le jeune garçon est vraiment un très bon copain. Ils se font souvent des blagues en signe de **camaraderie**. Les deux amis discutent également beaucoup, de tout et de rien et ils **sortent souvent ensemble**, pour aller au cinéma, en ville ou à des fêtes.

La même école	the same school
amis	friends
leur amitié est très forte	their friendship is very strong
sa meilleure amie	his best friend (F)
camaraderie	friendship/camaraderie
sortir ensemble	to go out (as friends)

Après le collège, Charles se retrouve dans le même lycée que **son amie**. Les deux **adolescents** sont contents de devenir **camarades de classe** ! Ils passent de plus en plus de temps ensemble : ce sont vraiment des **amis intimes**. Mais ils **se font aussi de nouveaux amis** dans leur lycée et, bientôt, ils ont carrément **une bande de copains** avec qui sortir et faire la fête.

Son amie	his friend (F)
camarades de classe	classmates
amis intimes	close friends
se faire des amis	to make friends
une bande de copains	a bunch of friends

À la fin du lycée, Charles s'inscrit à l'université et Alice **déménage dans une nouvelle ville**. Les deux jeunes adultes sont **tristes** de devoir se séparer, mais ils promettent de ne pas s'oublier. Ils s'écrivent tous les jours ; Charles parle de son **camarade de chambre** à l'université et Alice raconte comment elle **devient amie** avec sa voisine. Mais c'est difficile pour les deux jeunes de se voir, même pendant les vacances, car ils **habitent loin** l'un de l'autre **désormais**. Pourtant, ils ne s'oublient pas.

Déménager dans une nouvelle ville	to move to a new city
triste	sad

oublier	to forget
camarade de chambre	roommate
devenir ami	to become friends
habiter loin	to live far away
désormais	from now on

Quelques années passent. Charles n'écrit plus très souvent à **son amie d'enfance**. Entre ses études et son travail d'étudiant, **il n'a pas le temps d'écrire** de longues lettres comme avant. Alice non plus ne contacte plus trop le jeune homme, car elle est aussi très **occupée** dans sa nouvelle ville. Puis, un jour, la jeune femme déménage de nouveau pour **revenir** dans sa ville d'enfance...

son amie d'enfance	his childhood friend (F)
il n'a pas le temps d'écrire	he doesn't have time to write
occupé	busy
revenir	to come back

Un matin, alors qu'elle va **acheter** des fruits et des légumes au **marché** de son quartier, Alice **voit** Charles tout à fait par hasard. C'est une véritable surprise de le voir comme ça, **dans la rue**. Elle a même un petit peu de mal à le **reconnaître**. Mais c'est bien lui, même si le jeune homme a un peu changé. Alice aussi a changé, mais elle va saluer **son vieil ami**. À ce moment-là, pour Charles, c'est **le coup de foudre**. En revoyant la jeune femme, il **tombe amoureux.**

Acheter	to buy
marché	market
dans la rue	in the street
reconnaître	to recognize
son vieil ami	her old friend (M)
le coup de foudre	love at first sight
tomber amoureux	to fall in love

Alice n'a pas de **petit-ami** et elle a toujours été un petit peu amoureuse de Charles. Après quelques semaines à se voir régulièrement et à **sortir ensemble comme amis**, les deux jeunes gens décident de parler de leurs **sentiments**. Charles pense que c'est merveilleux que sa meilleure amie ressente quelque chose pour lui. Et Alice **se sent** tellement bien et heureuse aux côtés de Charles. Ils décident donc de **sortir ensemble.**

Petit-ami	boyfriend
sortir ensemble comme amis	to go out as friends
sentiments	feelings
se sentir	to feel

sortir ensemble	to date

Charles et Alice vivent une belle histoire. Charles dit souvent « **Je t'aime** » à la jeune femme et Alice lui répond « **Moi aussi je t'aime** ». Alors le garçon sourit et dit : « **Je t'adore !** ».

Leur **premier baiser** se fait dans un parc à côté d'une fontaine, sur un banc où Charles grave leurs deux noms. Ils reviennent souvent sur ce **banc**, dans ce parc, pour se **galocher** et se prendre en photo. Comme **ils vivent maintenant ensemble** dans le même appartement, le couple met plein de photos d'eux sur les murs. Les deux **amoureux** pensent que ça fait de jolis souvenirs.

Je t'aime	I love you
moi aussi je t'aime	I love you too
je t'adore	I adore you
premier baiser	first kiss
un banc	a bench
galocher	to French kiss
vivre ensemble	to live together
amoureux	lovers

À **la Saint-Valentin**, ils s'offrent des **cadeaux**. Le jeune homme achète toujours des **fleurs** à Alice et parfois il lui offre du **parfum** ou des **bijoux**. La jeune femme, elle, porte toujours de beaux **vêtements** pour cette fête. Elle veut être **belle** pour Charles. Elle offre généralement des **bonbons** à son **chéri** et l'emmène au restaurant pour dîner.

La Saint-Valentin	Valentine's Day
cadeau	present
fleurs	flowers
parfum	perfume
bijoux	jewelry
vêtements	clothes
belle	beautiful
bonbons	candies
chéri/chérie (M/F)	dear/sweetheart

Cela fait maintenant **trois ans** que Charles et Alice sont ensemble. Ils parlent souvent de passer le reste de leur vie tous les deux, de fonder **une famille** et d'acheter **une maison** ensemble. Alice rigole en disant qu'**elle veut un chien et des jumeaux** !

L'idée plaît beaucoup à Charles qui, un jour, **demande Alice en mariage**.

« Alice, **veux-tu m'épouser ?** », dit-il près de la fontaine du parc où ils vont toujours. Alice pleure de joie et répond que oui, elle veut **devenir la femme de** Charles. Le garçon est tellement heureux, il embrasse sa **fiancée** et lui offre **une bague de fiançailles**.

Trois ans	three years
une famille	a family
une maison	a house
elle veut un chien et des jumeaux	she wants a dog and twin kids
demander en mariage	to propose
veux-tu m'épouser ?	Will you marry me?
Devenir la femme de	to become the wife of someone
fiancé/fiancée	fiance (M/F)
une bague de fiançailles	an engagement ring

La vie du couple devient alors mouvementée. Ils préparent une fête de fiançailles, puis **le mariage**. Alice pense qu'il y a beaucoup trop de choses à préparer pour **la noce**, mais Charles la rassure et lui dit qu'ils pourront ensuite **se reposer** pendant **la lune de miel**. La jeune femme est impatiente d'y être et de fêter leur premier **anniversaire de mariage**. Elle espère aussi **tomber enceinte** rapidement après le mariage : avec Charles, ils veulent avoir un enfant.

Le mariage	marriage
la noce	wedding
se reposer	to rest
la lune de miel	the honeymoon
anniversaire de mariage	wedding anniversary
tomber enceinte	to become pregnant

Antoine, le petit garçon du couple, a **maintenant** dix ans. Charles et Alice n'ont qu'un seul enfant et ils vivent dans une petite maison en ville. Ils n'ont pas de chien, mais la famille a un gros chat qui **dort tout le temps**. Le couple **semble** toujours aussi **heureux**, mais depuis peu Alice est **infidèle**. La femme a **un amant** avec qui elle entretient **une liaison**. Charles ne le sait pas. Mais de son côté, n'est pas très **fidèle** non plus. Il a **une maîtresse** qu'il voit plusieurs fois par semaine.

Maintenant	now
il dort tout le temps	he sleeps all the time
sembler	seems
heureux	glad
infidèle	unfaithful
un amant	a lover
une liaison	liaison/a relationship
fidèle	faithful

une maîtresse   a mistrress

Un jour, Alice **découvre** la liaison de Charles et Charles découvre l'amant d'Alice. Mais ils ne sont pas fâchés et ne se disputent pas. Ils **comprennent** qu'ils ne sont plus amoureux l'un de l'autre et qu'ils ressentent seulement de **l'amitié**, comme quand ils étaient enfants. Ils décident alors de **rompre** et même de **divorcer**. C'est un moment un peu difficile, surtout pour **leur fils** Antoine qui ne comprend pas très bien la situation. Mais ses parents lui **expliquent** que même s'ils ne s'aiment plus, ils **aiment** toujours leur garçon !

Découvrir   to discover
comprendre   to understand
l'amitié   friendship
rompre   to break off (with someone)
divorcer   to divorce
leur fils   their son
expliquer   to explain
aimer   to love

Vocabulary Recap 15:

La même école	the same school
amis	friends
leur amitié est très forte	their friendship is very strong
sa meilleure amie	his best friend (F)
camaraderie	friendship/camaraderie
sortir ensemble	to go out (as friends)
Son amie	his friend (F)
camarades de classe	classmates
amis intimes	close friends
se faire des amis	to make friends
une bande de copains	a bunch of friends
Déménager dans une nouvelle ville	to move to a new city
triste	sad
oublier	to forget
camarade de chambre	roommate
devenir ami	to become friends
habiter loin	to live far away
désormais	from now on
son amie d'enfance	his childhood friend (F)
il n'a pas le temps d'écrire	he doesn't have time to write
occupé	busy
revenir	to come back
Acheter	to buy
marché	market
dans la rue	in the street
reconnaître	to recognize
son vieil ami	her old friend (M)
le coup de foudre	love at first sight
tomber amoureux	to fall in love
Petit-ami	boyfriend
sortir ensemble comme amis	to go out as friends
sentiments	feelings
se sentir	to feel
sortir ensemble	to date
Je t'aime	I love you
moi aussi je t'aime	I love you too
je t'adore	I adore you
premier baiser	first kiss
un banc	a bench

galocher	to French kiss
vivre ensemble	to live together
amoureux	lovers
La Saint-Valentin	Valentine's Day
cadeau	present
fleurs	flowers
parfum	perfume
bijoux	jewelry
vêtements	clothes
belle	beautiful
bonbons	candies
chéri/chérie (M/F)	dear/sweetheart
Trois ans	three years
une famille	a family
une maison	a house
elle veut un chien et des jumeaux	she wants a dog and twin kids
demander en mariage	to propose
veux-tu m'épouser ?	Will you marry me?
Devenir la femme de	to become the wife of someone
fiancé/fiancée	fiance (M/F)
une bague de fiançailles	an engagement ring
Le mariage	marriage
la noce	wedding
se reposer	to rest
la lune de miel	the honeymoon
anniversaire de mariage	wedding anniversary
tomber enceinte	to become pregnant
Maintenant	now
il dort tout le temps	he sleeps all the time
sembler	seems
heureux	glad
infidèle	unfaithful
un amant	a lover
une liaison	liaison/a relationship
fidèle	faithful
une maîtresse	a mistrress
Découvrir	to discover
comprendre	to understand
l'amitié	friendship
rompre	to break off (with someone)

divorcer	to divorce
leur fils	their son
expliquer	to explain
aimer	to love

How to download the MP3

Go to this page: http://www.talkinfrench.com/download-volume2-beginners

FREE French learning package:

The French Learning Package is a growing collection of free resources that will help you learn French Faster and Better:

- Step by Step Study Guide to Learning French
- French Pronunciation Guide
- 7 Chapters of the Beginner's French Grammar Ebook
- 10 self-introduction examples (with MP3)
- 200 most frequent French Words (PDF and MP3)
- …and so much more!

Check it out here:

http://www.talkinfrench.com/french-free-package

About the author:

Frédéric BIBARD is the founder of Talkinfrench.com. He helps motivated learners to improve their French and create a learning habit.

Questions about the ebook or French?

Contact me via email or through the Facebook page.

Email: Frederic@talkinfrench.com
Facebook: facebook.com/talkinfrench

I want your feedback.

Please write a review on Amazon.

After reading, please write an honest, unbiased review. I look forward to reading it.

Thank you so much, merci beaucoup.

Frédéric BIBARD

Check out Talk in French on social media:

I provide 1 French word and 1 French expression everyday:

Facebook:

www.facebook.com/talkinfrench

Twitter:

twitter.com/talkinfrench

Instagram:

http://instagram.com/talkinfrench

Google Plus:

https://plus.google.com/105441463665166798943/posts

Want to continue to read more in French?

For beginners:

1jour1actu

Intermediate:

Leparisien

20 minutes

Advanced:

Lemonde.fr

Lefigaro.fr

Liberation.fr

39486876R00080

Made in the USA
San Bernardino, CA
27 September 2016